本书获广东省信用风险管理与法律防控创新研究团队项目资助

信用资本的界定、多元价值测度及资源配置效应研究

唐龙海 ◎著

中国财经出版传媒集团
经济科学出版社
Economic Science Press
·北京·

图书在版编目（CIP）数据

信用资本的界定、多元价值测度及资源配置效应研究/
唐龙海著．--北京：经济科学出版社，2023.10
ISBN 978－7－5218－5217－2

Ⅰ.①信…　Ⅱ.①唐…　Ⅲ.①信用－研究　Ⅳ.
①F830.5

中国国家版本馆 CIP 数据核字（2023）第 188517 号

责任编辑：周国强　黄双蓉
责任校对：王京宁
责任印制：张佳裕

信用资本的界定、多元价值测度及资源配置效应研究
XINYONG ZIBEN DE JIEDING，DUOYUAN JIAZHI CEDU
JI ZIYUAN PEIZHI XIAOYING YANJIU
唐龙海　著
经济科学出版社出版、发行　新华书店经销
社址：北京市海淀区阜成路甲 28 号　邮编：100142
总编部电话：010－88191217　发行部电话：010－88191522
网址：www.esp.com.cn
电子邮箱：esp@esp.com.cn
天猫网店：经济科学出版社旗舰店
网址：http：//jjkxcbs.tmall.com
固安华明印业有限公司印装
710×1000　16 开　15.75 印张　250000 字
2023 年 10 月第 1 版　2023 年 10 月第 1 次印刷
ISBN 978－7－5218－5217－2　定价：86.00 元
（图书出现印装问题，本社负责调换。电话：010－88191545）
（版权所有　侵权必究　打击盗版　举报热线：010－88191661
QQ：2242791300　营销中心电话：010－88191537
电子邮箱：dbts@esp.com.cn）

目　　录

绪　论

1. 研究背景

（1）社会信用问题。

近年来，随着社会信用体系建设的推进，信用开始深度嵌入社会经济生活中。个人凭借信用可免押金租车、租房以及无抵押借款等，企业凭借信用不仅可以在市场上树立良好形象、赢得市场机会、降低交易成本、增强企业竞争力，而且可以享受工商、海关、税务、政府采购、工程招投标等多项优惠扶持和分类监管政策，守信带来的好处越来越多。信用联合惩戒制度也将使得“一处失信，处处受限”成为现实，失信者将付出更大成本。信用作为一种资本已被社会逐渐接受，已成为社会交往与经济交易的资格和手段。信用越好，信用资本就越高，但企业或个人究竟有多少信用资本，信用资本值多少钱，能给信用主体带来多大利益，这都是企业和学者非常关心的问题。

同时，由于信用的价值不能具体量化，市场主体就可能基于眼前具体利益，出现机会主义行为，如恶意违约、偷工减料、假冒伪劣、食品安全事故、学术不端、环境污染等。一些企业之所以图“利”而不愿守“信”，弃“义”而逐“利”，根本原因在于信用的价值难以计量①，不清楚特定失信行为带来的价值损失到底有多大。这些失信行为既败坏了社会风气，影响了人民对美好生活的追求，又对国家的国际形象造成不良影响。虽然失信行为被发现后，通常会对其自身带来一定的利益损失，但常归于自己“运气不好”等原因，市场主体缺乏持续积累信用的动力。而信用资本价值的量化，则可以直观地显示信用的价值，使得信用主体能够清楚地看到某次失信行为会给自身带来多大的价值影响，有助于信用主体的信用管理行为决策，这对促进信用主体的持续守信具有重要现实意义。

（2）资源配置问题。

一方面，我国市场体系还不健全，市场发育还不充分，导致资源配置效率不高。② 社会信用体系是市场经济体制的重要组成部分，信用有助于解决市场中的信息不对称和契约不完全问题，降低交易成本，提高经济效率。2022 年 3 月中共中央办公厅、国务院办公厅印发了《关于推进社会信用体系建设高质量发展　促进形成新发展格局的意见》，开篇提出：完善的社会信用体系是供需有效衔接的重要保障，是资源优化配置的坚实基础；要求扎实推进信用理念、信用制度、信用手段与国民经济体系各方面各环节深度融合，进一步发挥信用对提高资源配置效率、降低制度性交易成本、防范化解风险的重要作用，为提升国民经济体系整体效能、促进形成新发展格局提供支撑保障。可以看出，我国政府对建设社会信用体系以提高资源配置效率寄予厚望。

---

① 王晗，鲍宗康．论道德资本视野下的企业诚信［J］．开放导报，2015（6）．

② 《中共中央　国务院关于新时代加快完善社会主义市场经济体制的意见》，2020 年 5 月。

另一方面，市场存在失灵问题，完全依靠市场配置资源会导致社会贫富差距拉大、社会价值观扭曲等问题，不利于促进社会公平与社会和谐。我国是社会主义国家，实现共同富裕是我们奋斗的目标。诚信道德是除市场和政府之外的第三种资源配置力量。① 社会信用制度作为促进社会公平的重要制度安排，对促进社会公平的实现也必将发挥积极作用。② 信用可以使资源配置更加多元化、更加公平。每个人、每个单位都可以建立与积累自己的信用资本，并以此获取相应的社会资源。"不以出身论英雄"，任何人都可以通过不断积累自身的信用资本，获得社会交往和经济交易必需的资源，实现心中的梦想。信用积累可以提高平民参与社会财富与资源配置的机会，解决传统完全依靠市场资源配置中的"穷人越穷，富人越富"的缺陷，是真正的"以人为本"，它赋予每个人凭借自身的信用资本获得社会资源分配的机会，是代表人类文明进步的一种新型社会管理模式，这在很大程度上有利于消除贫富差距，弱化社会矛盾，使经济更有活力、社会发展更公平，极大地促进社会进步与经济健康发展。③

因此，如何充分发挥信用功能，以促进资源优化配置，提高资源配置的效率和公平性，自然就成为一个重大研究课题。

（3）社会信任问题。

中国社会的人际信任问题历来是学界关注的热点和焦点，尤其是在社会转型过程中出现各种"信任危机"的背景下。在中国传统社会中，大部分成员的生活圈和交往范围极为有限，是一个"熟人社会"。由于信息传递不畅，人际信任更多表现为以血缘、地缘和业缘关系为基础的特殊信任模式。随着现代化进程的加速，传统关系对个体的束缚不断减弱，社会生活的复杂性和

---

① 可参考：惠立新．第三配置与中国企业信用重构［D］．武汉：武汉大学，2006；严清华，刘穷志．第三配置及其路径依赖偏好［J］．武汉大学学报（社会科学版），2001；刘穷志，严清华．第三种管理模式与管理哲理［J］．学习与实践，2002；严清华，等．路径依赖、管理哲理与第三种调节方式研究［M］．武汉：武汉大学出版社，2005；严清华，等．马克思主义第三配置思想研究［M］．北京：经济科学出版社，2006.

② 杨文礼，杨苏磊．社会公平与社会信用的辩证关系［J］．中共天津市委党校学报，2013（4）.

③ 吴晶姝．在公平与信任中推进信用建设［J］．人民论坛，2017（30）：88－90.

不确定性持续增加，信任的水平和结构模式势必发生变化。① 随着中国城镇化带来的大规模人口流动，以及数字经济发展带来的网络匿名商品交易和网络匿名社交，中国社会已从传统乡村的“熟人社会”过渡到现代城市的“陌生人社会”，再发展到如今互联网世界的“匿名人社会”，这种社会结构转型和数字技术的兴起也使得人们之间的交往边界更加广阔，对陌生人、匿名人的信任需求增加，这就需要构建新的社会信任模式。②

在传统的“熟人社会”里，“关系”赢得信任；而如今的“陌生人社会”“匿名人社会”需要建立以信用为基础的社会信任新机制：信用赢得信任，失信颠覆信任。有信用是被信任的基础，信用是获得信任的资本③，客观的信用记录可以作为“陌生人社会”“匿名人社会”中人际信任的可靠依据。中国社会信任的重构需要信用数据做技术支持，“信用资本”是一个较好的选择，它可以反映个体信用积累情况，是衡量是否值得信任的可靠指标。

（4）现有信用理论研究存在不足。

①侧重将信用作为风险管理的对象来进行研究，缺乏将信用作为资本管理的对象来研究。本书从广义信用范畴出发，认为信用是一种无形资本、一种社会资本，是一种能够为其主体创造价值的生产要素。西方国家对信用问题的研究是站在资本家的角度，研究资本家的资金借贷出去以后能够收回本息的风险。不同于西方国家，我国社会信用体系建设既传承了中国传统文化中的诚信道德思想，又吸收了西方国家的经济（金融）信用制度，还创新性构建了覆盖政务、商务、社会、司法等领域的广义信用机制，使得中国语境下的“信用”内涵更为宽泛，信用的价值和信用能够发挥的作用也更大，信用逐渐具备了无形资本和生产要素的属性。

---

① 齐亚强，张子馨．转型社会中的人际信任及其变迁［J］．社会学评论，2022，10（2）：124－144.

② 杨慧．现代社会的信任重构［J］．中国特色社会主义研究，2020（2）：77－82.

③ 吴晶妹：信用是获得信任的资本［EB/OL］．央广网，http：//finance.cnr.cn/gundong/20141228/t20141228_517239511.shtml.

②侧重信用工具的信用风险度量研究，缺乏对信用主体的信用价值度量研究。没有量化，就不易管理。现代经济已经步入信用经济时代，信用的重要性已得到社会各界的认同，因此有必要像物质资源一样对其进行价值的确认、计量及报告，用具体的数字让人们真切地看到信用的价值所在，进而满足相关信息使用者的需求。

③侧重研究信用在金融市场上的作用及其价值，忽视了信用在产品市场、劳动力市场等其他各类市场上的作用及其价值，忽视了信用在社会上的价值，信用还具有品牌价值、社会价值、伦理价值等。

④宏观上侧重金融市场上信贷总量投放对经济影响的研究，缺乏对信用在宏观上的社会资源配置作用、在政府社会治理中作用的研究。

本书将试图弥补现有信用理论研究中存在的这些不足。

2. 研究意义

（1）理论意义。

社会信用体系建设是新时代具有中国特色的社会治理方法，这种新的伟大实践需要理论创新。不同于西方国家的狭义金融经济领域的偿债信用，我国社会信用体系建设使得中国语境下的“信用”范畴更广。本书基于中国社会信用体系建设实践背景下信用范畴的扩张及其社会治理逻辑的分析，结合资本理论的发展，站在广义信用范畴角度，全面界定了信用资本这一新型资本类型，创新性构建了信用资本多元价值的评估测度模型，并探索性研究了信用资本价值评估结果如何在优化社会资源配置中进行应用。

因此，本书扩展了社会信用理论的研究，为发展信用资本理论作出了一些贡献，为量化信用的价值提供了测度评估技术，为我国社会信用体系建设、资源优化配置提供了新的视角。

（2）实践意义。

在中国社会转型过程中出现各种“信任危机”的背景下，本书提出的信用资本理论与测量技术，将为构建以信用为基础的社会信任新机制、促进“陌生人社会”“匿名人社会”中的人际信任提供技术支持。

本书提出的信用资本价值评估测度模型，可以直观地显示信用的价值，使得信用主体能够清楚地看到守信和失信行为给自身带来的价值影响，这对促进信用主体的持续守信具有较强的现实意义。

本书提出的信用资本参与资源配置具有重要实际意义，既能促进市场发挥决定性作用，又能更好地发挥政府的作用。在金融资源配置方面，将为上市公司避免过度负债、助力中小企业和个人融资提供技术思路；在产品市场资源配置方面，以信用促进品牌建设，引导资源流向品牌企业，助力品牌强国战略；在公共资源配置方面，可以优化营商环境、促进社会公平，也可以用于政府行政监督资源优化配置，提高政府监管效能。

3. 研究思路

本书围绕“信用为何能成为资本”“信用资本有何价值”“信用资本价值如何评估测度”“信用资本价值评估结果有何应用”等问题展开。研究技术路线如图 1 所示。

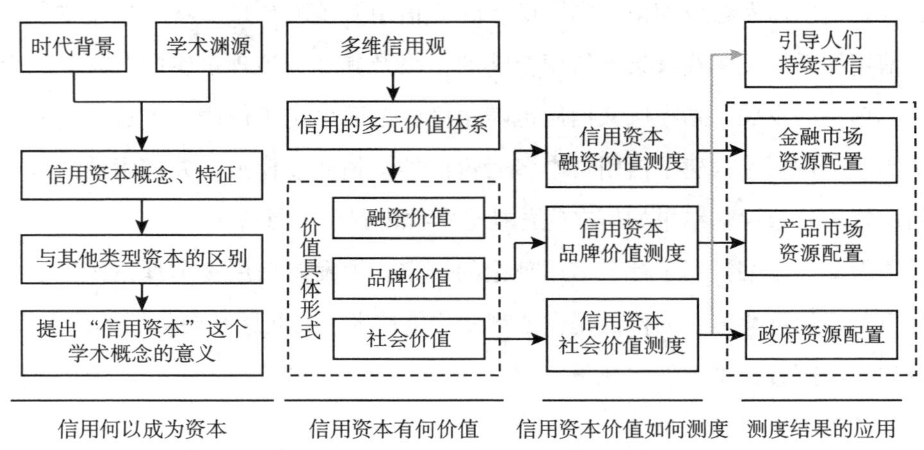

图 1　研究技术路线

4. 研究内容与主要观点

学术界习惯将信用作为一种风险来看待，侧重信用风险识别、计量、防控等方面研究。不同于西方国家，我国社会信用体系建设的过程中，既借鉴了传统市场经济体制下的经济（金融）信用制度，又传承了中国传统文化中的诚信道德思想，还创新性构建了涵盖政务、商务、社会、司法各领域的广义信用机制，使得“信用”二字在中国语境下具有更丰富的内涵。随着我国社会信用体系建设向高质量发展迈进，信用在人们日常生活中发挥的作用越来越大，信用的价值也越来越高。基于此，本书将信用作为一种资本来进行研究，在对资本理论发展分析的基础上，结合我国社会信用体系建设背景下，信用范畴已从狭义信用向广义信用扩展的中国实际，全面界定了一种新的资本类型——信用资本，分析了信用资本的价值体系和几种具体的价值表现形式，在此基础上对信用资本进行了量化测度，分别构建了信用资本的“融资价值”“品牌价值”“社会价值”等多个价值测度模型。接着，本书就信用资本的价值评估测度结果的应用进行了研究，提出发挥信用资本价值信号对优化资源配置的作用；并就信用资本的“融资价值”信号如何促进金融资源优化配置、信用资本的“品牌价值”信号如何促进产品市场资源优化配置、信用资本的“社会价值”信号如何促进政府资源优化配置等问题进行了阐述。

本书各章具体研究内容和观点如下。

（1）第1章：信用何以成为资本。

随着中国社会信用体系建设向高质量发展，信用的应用范围已从金融领域向经济、社会、生态、政治等更广泛领域发展。本部分阐述了“信用资本”提出的时代背景和学术背景，借鉴人力资本、智力资本、社会资本、声誉资本、道德资本等资本理论，结合我国社会信用体系建设对信用在经济社会中的功能定位，对“信用资本”进行了全面界定，分析了信用资本的特点、与其他类型资本的区别，以及在现有各类资本概念的基础上，单独提出信用资本概念所具有的意义。

研究认为：相对于西方国家对信用的传统认知，中国社会信用体系建设为“信用”赋予了新的内涵，中国语境下的信用范畴已向广义信用扩展。中国信息技术的发展和信用法治建设是“信用资本”形成的时代背景。信息技术的发展使得信用信息能低成本的快速获取、低成本的永久存储、低成本地进行信用大数据分析，使得获取一个市场主体全面信用状况的成本大幅降低，信用已成为市场主体的经济身份证和标识。而中国建立实施的守信激励失信惩戒制度、黑红名单制度、信用联合奖惩制度等制度增加了守信的收益和失信的成本，提高了信用本身所能给信用主体带来的回报。中国社会信用体系建设也使得信用在经济、社会、生态等更多领域运用，丰富了信用的内涵，提高了信用的价值，信用已经是一种能够为其主体创造价值、能提高宏观经济效率的生产要素，因此，信用具有了资本的意义。

另外，研究认为，信用资本与人力资本、智力资本、社会资本、声誉资本等资本的内涵存在交叉重叠部分，但又有明显区别。单独提出信用资本概念的理由主要有：第一，未来我国社会信用体系高质量发展除需要政府推动引导之外，还需要市场主体主动参与和共同推动。信用资本概念的提出，会使市场主体意识到信用能够带来价值增值，将有助于市场主体自觉主动维护自身信用，积极参与社会信用建设。第二，人力资本、社会资本、道德资本、声誉资本均涉及“信用”元素，但又不完全是信用问题，拿这些现有资本类型的概念来解释和分析不同地区信用规则、信用环境、信用文化等信用因素对地区经济社会发展的影响明显不合适；同样，用这些资本类型概念来解释和分析不同市场主体的信用行为、信用记录、信用信息、信用报告等信用因素对市场主体经营决策的影响也明显不合适。而使用信用资本则可以较好地解决这些问题。第三，有利于开展对信任、信用问题的量化研究。学术上量化信任常采用调查问卷的方式，主观性较强；西方学者采用非政府组织数量（NGO）、宗教教堂数量等指标来衡量社会信任，这些指标并不适用中国社会实际，需要开发适合中国国情的社会信任衡量指标。近年来，随着城镇化和数字经济的发展，中国社会已从传统基于“关系”的“熟人社会”过渡到现代城市的“陌生人社会”，再发展到如今互联网世界的“匿名人社会”，这种社会结构转型和数字技术的兴起也使得人们之间的交往边界更加广阔，对陌生人、匿名人的信任需求增加，这促使社会信任的重构。有信用是被信任的基础，客观的信用记录可以作为信任的可靠依据。中国社会信任的重构需要信用数据做技术支持，“信用资本”是一个较好的选择，它可以反映个体信用积累情况，体现信用履约能力和信用履约意愿，是衡量是否值得信任的可靠指标。

（2）第 2 章：多维“信用观”与信用资本的多元价值。

本章阐述了人们对信用的不同观点，基于多维“信用观”，提出了信用资本的多元价值，通过对信用资本价值类型的论述，最终呈现信用资本的价值体系，并重点分析了信用资本的多元价值具体表现形式。

研究认为：信用已经从中国古代道德伦理范畴的“诚信道德信用”，以及西方最初金融领域狭义的“资金借贷信用”扩充到现在商品交易中的“产品赊购信用”，然后又扩展到市场上的“产品质量信用”“产品价格信用”，再扩大到“纳税信用”“环保信用”“社交信用”等社会公共管理领域，从而构成了“信用道德观”“信用偿债观”“信用商誉观”“信用社会责任观”“信用综合声誉观”等，最终形成了现在的广义信用：信用是一种资本，即“信用资本观”。本书认为，由于人们信用承诺的领域与范围不同，以及人们对信用功能的理解不同，出现了多种类别的信用观，即多维信用观。对应于多维信用观，信用资本的价值具有多元性，信用资本的价值体系主要包括伦理价值、社会价值和经济价值。但在现实生活中，人们能直观感受到或觉察到的则是信用资本价值的具体表现形式。常见的信用资本多元价值具体表现形式有信用资本的“融资价值”“品牌价值”“社会价值”等。

（3）第3章：信用资本的“融资价值”评估测度。

本部分选取信用额度作为融资价值大小的衡量指标，分析了信用风险和信用额度常见的评估模型，构建了基于KMV模型的上市公司信用额度评估模型、基于政府增信的中小企业信用额度评估模型，并就模型的运用进行了举例分析，同时，对个人信用评分和信用额度评估进行了分析。本部分内容为后面章节论述信用资本“融资价值”信号促进金融资源优化配置奠定了基础。

研究认为：第一，本研究基于KMV模型构建的上市公司企业信用额度评估模型具有扎实的理论基础。模型测算的上市公司信用额度，反映了上市公司能够从银行获得多少信贷资源，使企业能清楚地看到信用所能为其带来的具体融资利益金额，促进企业自觉守信。上市公司可以参考本模型进行适度负债，避免过度负债所带来的债务风险。银行可以使用本模型对上市公司客户进行授信额度的评估和管理，以避免出现授信不足或授信过度，造成银行信贷资源错配的情况。第二，本研究基于重庆市信用贷款改革实践中的授信额度确定模型，以及招商银行贷款业务过程中实际使用的授信额度模型，构建的基于政府增信的中小企业信用额度模型具有较强的现实基础和合理性、可行性。该模型有利于商业银行快速、合理地确定对中小企业的授信额度，优化金融资源的配置；有利于促进中小企业融资，也能够使中小企业清楚地看到信用带来的融资利益，方便中小企业进行信用资本融资价值的管理。第三，个人信用资本的融资价值与银行贷款资金的安全息息相关，也涉及申请人的自身利益。随着大数据征信的发展，信用信息将被低成本收集并用来分析个人信用，信用将直接影响到个人能够从金融机构获得多少金融资源，个人信用资本的融资价值将日益凸显。在大力推行“国内国际双循环”战略背景下，如何充分释放我国超大规模的内需潜力，个人信用消费贷款被寄予厚望，而这有赖于如何充分挖掘个人信用资本的融资价值。

（4）第4章：信用资本的“品牌价值”评估测度。

本部分在对现有品牌价值评估方法进行分析的基础上，针对信用所具有的品牌效应，结合“企业品牌信用评价指标体系”“诚信企业家评价通则”“中国演艺公众人物网络大数据推荐及社会综合影响力评价评级指数体系”这三个现行团体标准，构建了基于Interbrand模型的企业信用资本“品牌价值”评估模型、企业家个人信用资本“品牌价值”评估模型、演艺明星个人信用资本“品牌价值”评估模型，并就这三个模型进行举例分析。本部分内容为后续章节论述信用资本促进产品市场资源优化配置奠定基础。

研究认为：近年来，企业、企业家、演艺明星的失信、不诚信现象较多，这直接影响到了企业品牌、企业家个人品牌、演艺明星个人品牌的价值。尤其是企业家、演艺明星等公众人物的不诚信行为，在社会上造成较大负面影响。本部分基于品牌评估中著名的Interbrand模型，采用相关领域的团体标准作为评价指标体系，因此，所构建的信用资本“品牌价值”评估模型具有较强的理论基础。模型的建立和使用有助于企业、企业家、演艺明星清楚地看到信用所具有的品牌价值，失信行为对自身品牌价值的影响，从而促进相关主体诚实守信。

（5）第5章：信用资本的“社会价值”评估测度。

本部分在对各地开展的企业公共信用综合评价和居民个人社会信用评分实践情况进行梳理的基础上，分别构建了企业和个人的信用资本“社会价值”评估指标体系和模型，并进行了举例分析，为后续章节论述信用资本促进政府资源优化配置奠定基础。

研究认为：目前，国内开展的企业公共信用综合评价和居民个人信用评分利用法律法规、社会责任、道德文化作为守信与失信的判定准则，具有全社会共识的价值准则。企业公共信用综合评价得分和居民个人信用积分的高低，可以反映企业和个人遵纪守法、社会责任履行、道德规范遵循的情况，在一定程度上反映了企业和个人对社会的影响，可以作为其因守信而带来的社会价值大小的测度指标。量化信用产生的这种社会利益，使各类信用主体能够清楚地看到自身信用对社会价值的贡献，直观感受到守信或失信对社会利益的影响，能够促进他们自觉主动守信、维护和提高自身信用资本的社会价值。

（6）第 6 章：信用资本价值评估结果的应用——促进资源优化配置。

本部分阐述了世界范围的贫富差距日益扩大的迹象，提出了发挥信用资本的资源配置作用以实现社会公平的观点。本部分首先指出了我国金融资源配置存在的问题，并就如何利用信用资本“融资价值”信号优化金融资源配置进行了分析；其次，阐述了过剩（买方）经济条件下，品牌作为媒介在资源配置中的作用，并就信用资本“品牌价值”信号如何影响产品市场资源配置进行了分析；最后，从公共资源交易中存在的乱象以及商事制度改革引发的政府如何加强事中、事后监管问题这两个方面，讨论了政府资源的配置问题，分析了信用资本“社会价值”信号如何促进政府公共资源交易领域的资源优化配置和政府行政管理中监管资源的优化配置。

研究认为：市场经济中，完全按实物资本配置资源不利于社会公平，应充分发挥信用资本配置资源的作用。“不以出身论英雄”，不用“拼爹”，让诚实守信的人享有更多机会和资源，才能使经济更具活力，使社会发展更加公平。信用资本作为一种新的能促进资源优化配置的要素，其功能的发挥需要借助其具有的各种价值信号。信用资本“融资价值”信号有助于优化金融资源配置，防范系统性金融风险、服务中小企业融资需求、激活国内个人信贷消费市场；信用资本“品牌价值”信号有助于优化产品市场资源配置，引导资源向诚信、优质企业聚集，促进品牌建设，服务品牌强国战略，助力经济高质量发展；政府资源的配置讲求公平、公益性，而社会价值就体现了这种公益性，因此，信用资本“社会价值”信号有助于促进公共资源交易领域的资源优化配置和政府行政管理中监管资源的优化配置。

第1篇　信用为何是资本，有何价值

不同于西方国家，我国在社会信用体系建设的过程中，既采用了传统市场经济体制下的经济（金融）借贷信用制度，又继承了传统文化中的诚信道德思想，还创新性构建了涵盖政务、商务、社会、司法各领域的广义信用机制，使得“信用”二字在中国语境下具有更丰富的内涵。

随着我国社会信用体系建设向纵深推进，信用范畴已由狭义信用向广义信用扩展；而信息技术的发展使得信用信息的收集、储存、分析变得容易，信用识别更加方便。这促使基于信用识别基础上的广义信用奖惩机制开始产生作用，信用对市场主体的影响越来越明显，对社会治理的作用越来越大。这种为各个市场主体所拥有，对市场主体和社会整体治理都有重大影响的信用变成了一种新型资本——信用资本。

本篇在国内外已有文献基础上，通过对信用资本产生的时代背景和学术渊源的分析，对信用资本进行了全面界定，分析了信用资本特点、与其他类型资本的区别，以及在现有各类资本概念的基础上，单独提出信用资本概念所具有的意义。本篇也对信用资本价值的类型进行了论述，最后呈现信用资本的价值体系，并基于多维“信用观”，重点分析了信用资本的多元价值具体表现形式。

| 第 1 章 |

信用何以成为资本

随着中国社会信用体系建设向纵深推进，信用范畴已由狭义信用向广义信用扩展；而信息技术的发展使得信用信息的收集、储存、分析变得容易，信用信息更易传播，信用分析与评估更加全面、客观。这促使基于信用评估基础上的广义信用奖惩机制开始产生作用，信用对市场主体的影响越来越明显，对社会治理的作用越来越大。这种为各个市场主体所拥有，对市场主体和社会整体治理都有重大影响的信用成为一种新型资本——信用资本。

探究信用能否成为资本应该坚持经济学思想史上由来已久的广义资本观。广义资本观立足于“具有创造社会财富能力的资源”这一资本的本质属性。作为资本，首先应该是一种资源，从宏观上来看，信用既是道德的范畴，也是法律上的要求；道德和法律是构成社会经济制度的重要部分，而制度经济学认为，制度（包含正式制度和非正式制度）就是一种资源，而且还是保障和促进社会财富创造的资源。信息不对称和契约不完全问题的存在会导致机会主义行为，影响经济效率。信用作为一种约束能够降低道德风险、减少机会主义行为的发生，并进而提高资源配置的效率、促进社会经济的发展和财富创造。从微观上来看，信用是社会主体的一种良好品质，一种信誉，一种履约能力，一种能够带来经济利益、创造价值的经济资源，一种无形资产。因此，信用有理由成为广义资本的重要组成部分。

本章在国内外已有文献基础上，通过对时代背景和学术背景的分析，从实践发展和理论发展两个维度论证信用可以成为资本。

1.1　信用资本在中国提出的时代背景

“信息技术 + 社会信用制度 + 社会信用化趋势”，这是信用成为资本的时代背景。中国信息技术的发展和广泛使用，使得信用信息能低成本的快速获取、低成本的永久存储、低成本地进行信用大数据分析，因此，获取市场主体全面信用状况的成本大幅降低，信用状况越来越透明，信用信息越来越容易传播，信用已成为市场主体的经济身份证和标识。而中国社会信用体系建设实施的守信激励失信惩戒制度、黑红名单制度、信用联合奖惩制度等增加了守信的收益和失信的成本，信用信息公示与共享制度促使信用演变成了一种社会低成本广泛传播的声誉机制。随着时代的发展，人们的信用意识不断增强，对于守信也越来越重视。因此在新时代，信用更加重要、不可或缺。正如曾经有人提出，信用是共享经济的基石，中国目前已经进入了信用经济时代。

1.1.1 信用在新时代的中国被赋予新的内涵

1. 信用内涵的历史演进

信用的内涵随着人类历史的发展而不断丰富。首先出现的是伦理道德上的信用，然后出现了经济上的信用，最后出现的是法学上的信用。在原始社会，信用是指人类为生存而互相合作中的信守诺言，信用评价是伦理学上对人品、人格的评价。当社会有了剩余产品而需要彼此交换的时候，信用又增加了经济内涵，特别是由物物交易到以货币为媒介的交易，再发展到货币的借贷或商品赊销赊购，信用演变成了以偿还为条件的价值运动形式，信用评价是经济上偿债能力的评价。市场经济的发展使得市场范围大大超出本地、熟人之间，为解决异地、陌生人之间的资金借贷和商品赊销赊购问题，现代信用制度应运而生。在此背景下，信用又增加了法学内涵，信用被用来反映市场主体契约合同履行情况，信用评价是社会对其履约执行情况的综合评价。

2. 中国社会信用体系建设赋予了信用丰富的内涵

近年来，我国社会信用体系建设赋予了信用在新时代更多的内涵。不同于西方国家，我国社会信用体系建设既传承了中国传统文化中的诚信道德思想，又借鉴了西方国家的经济（金融）信用制度，还创新性构建了覆盖政务、商务、社会、司法等领域的广义信用机制，使得中国语境下的“信用”内涵更为丰富。

2007 年，国务院办公厅出台了《关于社会信用体系建设的若干意见》，该文件首次将社会信用体系视为市场经济体制中的重要制度安排。在这一时期，主要是从经济建设的角度来理解信用内涵。2011 年，党的十七届六中全会明确提出要“把诚信建设摆在突出位置，大力推进政务诚信、商务诚信、社会诚信和司法公信建设”。这说明中国的信用建设开始从经济领域向行政领域、社会领域、司法领域这三大领域延伸。

2014 年 6 月，国务院颁布了《社会信用体系建设规划纲要（2014～2020 年）》。该纲要明确提出：“社会信用体系是社会主义市场经济体制和社会治理体制的重要组成部分。”自此，信用以及相应的信用体系建设开始上升到社会治理层面。

2019 年 7 月，国务院办公厅《关于加快推进社会信用体系建设 构建以信用为基础的新型监管机制的指导意见》指出，要以加强信用监管为着力点，创新监管理念、监管制度和监管方式，不断提升监管能力和水平。该文件的出台进一步明确了信用在行政监管领域的运用。

2022 年 3 月中共中央办公厅、国务院办公厅印发的《关于推进社会信用体系建设高质量发展促进形成新发展格局的意见》要求，扎实推进信用理念、信用制度、信用手段与国民经济体系各方面各环节深度融合，进一步发挥信用对提高资源配置效率、降低制度性交易成本、防范化解风险的重要作用，为提升国民经济体系整体效能、促进形成新发展格局提供支撑保障。同时，明确提出强化信用学科建设和人才培养；积极参与信用领域国际治理，在信用领域稳步拓展规则、规制、管理、标准等制度型开放，服务高质量共建“一带一路”，为推动构建更加公正合理的国际治理体系贡献中国智慧、提供中国方案。该文件对信用的重要功能和作用进行了高度概括和肯定，实质上已将信用视为推动经济社会高质量发展的支撑保障，也希望将中国的信用建设经验向国际社会进行推广，让信用成为国际社会交往的准则，并对我国信用理论和信用学科建设提出了更高期望，信用的内涵进一步丰富。

信用在新时代的中国被赋予新的内涵，信用的应用领域和应用场景在经济社会的生产、生活中得到拓展。

1.1.2 大数据征信为信用成为资本奠定了“技术”和“数据”基础

近年来，中国信息技术领先全球发展，我国进入了数字经济和大数字征信时代。信用信息的采集、存储、加工、分析越来越快速和低成本，这大大促进了信用信息传递，消除了信息不对称带来的弊端，使得守信者在人群中“脱颖而出”、失信者在人群中“暴露无遗”。通过大数据技术，可以多渠道对信用数据进行采集，实现海量数据处理和信用精准分析，使得社会主体的信用更容易识别和量化。因此，大数据征信技术使得信用资本成为一个可以测度的分析概念，有了学术上单独的研究价值。

1. 技术层面

近年来，随着大数据、云计算、区块链等现代信息技术发展，再加上移动互联网的日益普及，我国进入了数字经济和大数字征信的时代。信用信息的采集、存储、加工、分析将越来越快速和低成本，这将大大促进信用信息的传递，消除信息不对称带来的弊端。同时，随着存储技术和区块链技术等高尖端技术的发展，信用信息将会永久存在，并不可篡改。

信息技术的发展引发了征信模式的大变革，衍生出了大数据征信这一全新的征信模式。大数据征信有效解决了传统征信数据来源单一、数据缺乏的问题。通过大数据技术，可以从多个方面对数据进行有效的采集，并对数据进行精准分析，实现海量数据处理，使得征信评估对象更加广泛、准确，弥补了传统征信的很多不足。

大数据征信的快速发展，离不开互联网、云计算、大数据等方面技术的成熟应用。这些成熟的技术，为征信提供了一个很有力的技术支撑。现代互联网的产生，拓宽了个体的活动空间，个体在使用网络平台时，随之产生了海量的数据信息；云计算等先进的计算技术的发展，使得这些海量的数据信息得以有效的存储、处理，并为下一步的精简处理提供了一个有效的资源平台。区块链技术的发展产生一种新型社会信用机制，即机器信任，它通过区块链作为信任中介，构建一种可信的技术系统，各个参与者在共有的区块链当中无门槛、自由出入、多方持有、多方维护的公共账本上独立地记录、验证每一笔交易及合约。这样的做法有效地保障了信息的公开透明、全程追溯和不可篡改，创造了一种全新的信任环境，在机器之间建立“信任”网络，通过数学算法为社会成员创造信用和达成共识。①

总之，信息技术的发展使得“社会数字化”，而这些“数字”在大数据征信技术下“信用化”。

2. 数据层面

目前，我国央行已经建立了一个世界上规模最大的金融信用信息基础数据库，其人口数量最多，数据规模最大，覆盖范围最广，基本覆盖了全国范围内每一个有信用活动的企业和个人，通过该数据库查询个人信用报告的，每天平均达五百多万人次。

国家发改委建立的公共信用信息平台也已实现各部门、各地区的公共信用信息的互联互通，社会信用统一代码已实现全覆盖，收集了几百亿条信用信息。除此之外，全国多个城市推出了居民个人信用积分，比如：苏州“桂花分”、宿迁“西楚分”、福州“茉莉分”、厦门“白鹭分”、威海“海贝分”、杭州“钱江分”、郑州“商鼎分”、宁波“天一分”等。

除了央行组建的金融信用信息基础数据库和国家发改委组建的公共信用信息平台外，我国还有很多商业机构通过人工智能、云计算、大数据等数字技术的应用，开发个人信用积分体系，记录个人信用状况，并推出了个人信

① 张毅．基于区块链技术的新型社会信用体系［J］．人民论坛·学术前沿，2020（5）：4－14.

用积分，常见的如支付宝的芝麻信用分、微信的微信支付分、美团的美团信任分等。

随着我国建成覆盖全社会的信用基础设施，金融大数据、公共信用大数据、商业网络平台大数据正在形成并逐渐被运用，信用大数据将有力支持对各类信用主体进行信用评估，这将使得人们更容易全面识别对方的信用状况。

1.1.3 社会信用法治建设为信用成为资本提供了制度保障

我国信用领域建设经过几十年的快速发展，现在已经从传统市场经济领域，扩展到了政治、经济、社会等各个领域，呈现出广义信用建设的格局。不同于西方国家，我国在社会信用体系建设过程中，把政务诚信、商务诚信、社会诚信和司法公信等领域均纳入社会信用建设之中①；社会信用法治建设不仅包括经济上的借贷信用、行政管理上的法定义务履行②，还包括诚信道德层面的信用③；不仅包括公共信用，还包括市场信用。④ 因此，我国社会信用法治建设是在广义信用的范畴开展的，这种在行政、经济、社会等各个领域共同推行的信用建设将大幅提升守信行为的收益和失信行为的成本，信用的价值进一步凸显。

党的十八大以来，我国高度重视社会信用立法工作，积极推动信用工作立法。2018 年 5 月，中共中央印发的《社会主义核心价值观融入法治建设立

---

① 《国务院关于印发社会信用体系建设规划纲要（2014～2020 年）的通知》（国发〔2014〕21 号）。

② 见各省市出台的地方社会信用条例。如《上海市社会信用条例》规定，本条例所称社会信用，是指具有完全民事行为能力的自然人、法人和非法人组织，在社会和经济活动中遵守法定义务或者履行约定义务的状态。

③ 见《深圳经济特区社会信用条例（征求意见稿）》，本条例所称社会信用，是指具有完全民事行为能力的自然人、法人和非法人组织在社会和经济活动中履行法定义务或者约定义务，践行诚信价值观的状况。

④ 见各省市出台的地方社会信用条例。如《广东省社会信用条例》规定，社会信用信息包括公共信用信息和市场信用信息。

法修法规划》明确要求："探索完善社会信用体系相关法律制度，研究制定信用方面的法律"。2019 年 7 月，国务院办公厅印发的《关于加快推进社会信用体系建设构建以信用为基础的新型监管机制的指导意见》明确要求："推动制定社会信用体系建设相关法律，加快研究出台公共信用信息管理条例、统一社会信用代码管理办法等法规"。2022 年 11 月《中华人民共和国社会信用体系建设法（向社会公开征求意见稿）》在国家发改委网站上向社会公开征求意见。

从国家层面来看，除《企业信息公示暂行条例》《征信业管理条例》等专门针对信用问题的法律规范之外，还有 50 多部法律和 60 多部行政法规涉及信用条款。从地方层面来看，已有 30 多个省级地方社会信用条例出台。信用治理最重要的手段就是信用奖惩，这直接影响着社会各主体的切实利益。信用法治建设将为信用奖惩制度的广泛实施提供法律保障，从而为信用能为社会各主体带来利益而成为资本提供制度保障，也为信用资本的产权保护提供制度基础。另外，我国社会信用立法也有力地促进"信用 +"的生活方式从新概念转变为新常态并融入民众社会生活。①

1.1.4 中国社会信用化发展趋势为信用成为资本提供了土壤

社会发展越来越信用化。当今社会，信用可以说是随处可见，日常生活与信用也密不可分。人们日常的所作所为都会变成数据被记录下来，成为信用评价的依据。例如，使用公共雨伞、公共移动电源、共享单车，网上购物，社交，水、电和煤气付款等。在信用化社会中，个人信用信息能够以惊人的速度和准确度被聚集并加以分析，数字信用正成为比金钱价值更高的资产。

在一个成熟的商业社会，信用可以说是财富的象征。个人信用决定了金

---

① 叶明，石晗晗．我国地方社会信用立法实证研究［J］．征信，2021，39（2）：39－46.

融机构是否会给予你消费贷款，是否借钱给你买房买车；个人信用决定了房东是否愿意接纳你为房客；个人信用决定了企业是否会聘用你；个人信用也许还决定了你在网上购物时会得到什么样的商业折扣、免费快递等优惠；个人信用甚至还可能潜在地影响你约会的成功率。在政府部门公共信用记录中的信用可能还决定了你是否会成为调查、约谈、检查的对象。在保险公司那里的信用决定了你能否享受健康保险，以及汽车保险费率的高低。信用的影响或信用的价值正变得更加强大。随着数字信用技术的飞速发展，不管你喜欢与否、愿意与否，你的信用都会被系统记录下来，并将变成永久性的记录，无所不在地为社会所共享。不论你知悉与否、同意与否，无论走到哪里，其他人都能够即刻获取你的信用信息。

社会信用化的发展趋势，也使得人们越来越重视维护自己的信用。根据中国多个城市开展的“无人货柜”的社会信用实验，守信率从四年前的 62% 上升到 2019 年的 95% 以上，个别城市接近 100%，人们的守信率大幅度提升。信用意识的提高，促使基于信用识别基础上的广义信用奖惩机制开始产生作用，信用对市场主体的影响越来越明显，它是一种像资本一样能够带来价值的观念将为人们所普遍接受。

1.2 “信用资本”提出的学术背景

1.2.1 资本理论的发展

“资本”（capital）一词最早出现于 12 ~ 13 世纪的欧洲，最初是用来表示能滋生利息的贷款本金，含有增值之意。18 世纪以亚当·斯密为代表的古典经济学家将资本视为以货币形式表现出来的资金和以实物形式表现出来的生产资料，并将资本区分为固定资本和流动资本。随着经济社会的发展，为了解释经济和社会发展的动力，经济理论中“资本”一词的内涵不断丰富，经济学家先后提出了各种资本理论。

1. 马克思资本理论

马克思认为资本是一种生产关系、阶级关系，也是一种处于运动中的价值。资本一旦停止运动，就丧失了它的生命力。因此它只有在不断的运动中才能够榨取剩余价值，从而使自己不断增值。对于货币与资本的关系，马克思认为货币可以转化为资本，但货币本身并不是资本，只有当货币成为价值增殖的手段时才成为资本。对于资本与剩余价值的关系，马克思指出，资本是带来剩余价值的价值。

2. 人力资本理论

根据传统的经济学理论，经济增长是由土地、资本和劳动的投入所共同决定的。当人们沿用传统的生产函数模型对经济增长进行测算时发现，国民经济产出的增长率超过了国民经济资源投入的增长率，计量回归的结果存在“剩余”。当时的经济学家把该“剩余”称为“经济之谜”。要合理解释该“经济之谜”，就必须在传统的经济模型所包含的生产要素之外去寻找促进经济增长的原因，由此催生了现代人力资本理论。

人力资本理论突破性地将资本划分为人力资本和物质资本两大类别，摆脱了传统理论中的资本只是物质形态的束缚。人力资本是一种依附在人身上的资本，表现为人拥有的各种生产知识、劳动与管理技能和健康素质的存量总和，并且在经济增长中，人力资本的作用大于物质资本的作用，因此，它相对于物质资本是更重要的一种资本。

3. 智力资本理论

智力资本的提出源于人力资本理论的进一步发展，以及知识经济的到来。

随着知识经济的发展，企业市场价值远远高出其账面上财务资本价值，且呈现出与企业无形的知识与能力之间高度相关，这就需要有新的资本类型，把企业无形的知识与能力涵盖进去。智力资本就是这种新的资本类型，用于揭示企业的市场价值远远高出其账面价值的奥秘，诠释了在知识经济时代，特别是知识密集型企业发展的动力源泉。

尽管智力资本并未形成统一的概念，但现有文献普遍认同智力资本主要包括以下三个方面内容：一是体现于企业员工个体身上的知识、经验和技能，即人力资本；二是体现于企业的组织结构、管理哲学、企业文化、管理过程、信息技术系统、企业市场和客户数据库中的结构化资本；三是体现于市场方面的品牌、信誉、客户满意度、营销渠道、关系网络等，即关系资本。其中，人力资本是组织智力资本形成的前提；结构资本是人力资本上升为智力资本的转换器；关系资本是企业目标实现的关键。智力资本三个要素之间相互关联、相互影响、相互作用，构成了智力资本的统一体。智力资本是人力资本理论在微观层面发展和深化的产物。智力资本比人力资本更全面地指出了企业持续竞争力的根源所在。

4. 社会资本理论

美国社会学家普特南（Putnam）在《独玩保龄球——美国社群的兴衰》中，将社会资本界定为“个体之间的关联——社会网络、互惠性规范和由此产生的可信任性”。社会资本（social capital）是资本的一种形式，是指为实现工具性或情感性的目的，透过社会网络来动员的资源或能力的总和。

社会资本理论是在物质资本、人力资本等经济资本之外，将社会关系和社会结构纳入了资本分析的范畴，开始关注社会文化、规范等因素对经济发展的重要作用，用以解释经济增长和社会发展。社会资本存在于社会结构之中，是一种无形资本，它通过彼此之间的关联、合作进而提高社会或组织的效率。

社会资本的宏观研究主要从地区层面出发，研究地区的社会非正式制度

（比如能促进人们一致行动的信任、社会规范等）这类社会资本对地区经济增长的影响。典型的社会资本宏观研究案例是普特南在意大利南部和北部地区开展的对比研究，他发现北部地区充满着浓厚的信任与合作氛围，这种信任与合作氛围就是一种社会资本，它能协调人们之间的行动，提高物质资本和人力资本的效率，推动区域经济的发展。而微观层面上研究的社会资本，主要从资源的角度，将社会资本界定为个体行动者通过社会关系网络所能获取的社会结构中的资源，并强调这种资源是嵌入在人际关系结构中，具有生产功能，有助于完成行动目标。

5. 道德资本理论

20 世纪 90 年代，随着中国经济快速发展和社会经济体制改革步伐加快，人们的收入和生活水平有了大幅改善，但是面临的社会压力感和对未来不确定的预期增大，社会上出现了一些道德失范现象，呈现出精神文明落后于物质文明发展的局面。国内有学者开始关注道德在社会经济发展中的调节作用，提出了涉及道德资本的论述。学者们提出“道德资本”概念的本义寄希望于通过“道德是一种资本”这一命题，挖掘道德的社会功能，唤起人们的道德意识，促进经济社会持续健康发展。

西松（Sison）在其《领导者的道德资本》一书中指出，道德资本可以被定义为卓越优秀的品格，或者适合人类的各种美德。因此，国内也有学者将道德资本与人力资本联系起来，认为道德资本属于人力资本的内容，而将企业的诚信和责任作为企业的道德资本。2000 年王小锡教授在《论道德资本》一文中指出，道德是生产过程中的重要资本，是一种无形资本。企业道德资本可以从企业道德理念、企业道德制度、企业主体道德觉悟、企业生产经营的道德四个方面进行评估。

6. 声誉资本理论

随着营销传播理论的发展，人们发现“声誉”这一人类社会的文化现象，深刻影响了商业决策与经济运行，能够促进行为主体投入的物质资本和人力资本发挥更大的效益。声誉资本是指一定行为主体因自己行为积累的良好声誉而为其带来的好处或收益，它是一种寄生资本，寄生在物质资本和人力资本之上的社会资本，声誉资本可以激励人力资本，充分发挥人的智慧。

企业声誉是利益相关者对企业过去的行为以及企业提供有价值的产品或服务等能力所形成的看法的综合体现。企业声誉上下波动的价值就是声誉资本。学者们普遍认为声誉资本是公司的重要战略资本，包括真诚、信任、尊严、同情和尊重等，它来源于公司的诚信经营。

1.2.2 信用成为资本的理论根源

信用资本是一个较新的概念，相关文献也比较少。然而，它与其他资本学说息息相关，在其他资本学说中都能找到与信用资本有关的“元素”。

1. 源于社会资本学说

普特南（Putnam，1993）提出社会资本能够使社会成员之间更有效地合作去完成某个目标，是一个社会的信任、规范和网络。1995 年，日裔美国人福山（Fukuyama）出版了《信任：社会美德与创造经济繁荣》一书，提出社会资本是社会成员遵守的一套非正式价值观和行为规范，包括诚实、互惠和信任。在国内，张其仔（1997）是早期研究社会资本的学者。他认为，社会资本是一种网络关系，把社会各方面连接起来，实现资源的共享。社会资本对经济发展、制度和技术创新、劳动力转移都有着深刻的影响。张元伟、严飞（2018）认为社会资本的基础是社会关系，目标是为社会群体带来利益，能够促进合作行动、提高社会效率的社会网络关系和社会规范。

通过以上学者对社会资本研究的梳理可以看出，虽然对“社会资本”这一概念没有权威的统一定义，但基本都认同普特南的定义，认为社会资本是指社会群体或个人在相互交往过程中产生的信任和规范。信任、规范和社会关系是社会资本最基本的三个要素，其中信任是最重要的，而且是社会资本很重要的组成部分。

信用是信任的基础，信用资本是信用主体之间在经济社会相互交往过程中由于守信而得到的对方信任，这种信任能够使信用主体从社会关系中获得资源和机会，能够给个人或者团体带来额外的利益，能够促进合作行动。因此，信用资本是由于信用所获得的信任，是由于信用所获得的资源和机会，是由于信用带来的额外利益，是由于信用而促进合作行动、提高社会效率的社会规范。

可以看出，信用与社会资本有着密切关系，信用资本可以看作社会资本的表现形式之一，信用作为资本的概念可以说是源自社会资本学说。

2. 源于人力资本学说

人力资本概念产生后，其内涵不断拓展。世界银行 2006 年将人力资本定义为个人所体现出的生产能力，主要涉及知识和技能。经济合作组织（OECD）在 1998 年、2001 年和 2011 年的报告中对人力资本的界定，逐渐从知识、技能扩大到个人身体、情感、心理、能力与品质等多种因素。根据 2017 年联合国欧洲经济委员会发布的《人力资源计量指南》可以看到，人力资本的构成既包括经济层面的，也包括非经济层面的，既包括个人层面的，也包括社会层面的，主要构成要素是知识、技能、品质、社会关系。

信用来自信用主体的履约能力、履约意愿以及所形成声誉等，信用资本大小取决于信用主体的履约能力大小、履约意愿高低以及所形成声誉影响力。而这些能力和意愿以及声誉又来自人力资本的知识、技能、品质和社会关系。因此，人力资本影响信用资本，个人信用资本又构成个人的人力资本。

关于人力资本与信用资本的关系。吴晶妹（2021）认为：（1）人力资本与信用资本都是以人为载体的资本，表达的都是人本的价值。如果按照生产要素发展进程来划分，可以把社会发展划分为三大阶段，即物本时代、资本时代和人本时代。物本时代强调土地、房屋等生产资料；资本时代强调资金；人本时代则强调和重视发挥人的价值。（2）人力资本与信用资本都关乎人的基本素质与能力，范围都覆盖了人的品质、人际关系以及经济利益与经济活动。

可以看出，信用与人力资本有着密切关系，信用作为资本的概念可以说是源自人力资本学说。

3. 源于智力资本学说

早在 1836 年，西尼尔（Senior）认为智力资本是人类所拥有的知识和技能。他提出的这一概念是针对人来说的，并从宏观的角度进行了讨论。贝尔（Bell）认为，智力资本是知识资源。智力资本可以使组织在竞争中取得优势、在解决问题时能够提出最优方案。智力资本不仅是人类的脑力，而且是品牌和商标的体现，甚至是过去记录的一些成本。随着时间的推移，它的价值会更大。我国对智力资本的研究也很多。袁莉（2000）认为，智力资本是一切可以用来创造财富的智慧和经验的总和，包括科学知识、信息、知识产权、组织技术、专业技能、实践经验等。张立玮（2005）认为，智力资本的构成包括两个部分：一部分是隐性部分，是无形的，可以理解为精神资本，是人力资本中除去体力劳动的部分；另一部分是显性部分，可以称为成果资本。智力资本是指一切能够带来价值或效用的科学研究成果，包括创造性、发明创造、专利、作品、商标、声誉和有价值的信用利益等。智力资本由智力资产和智力成果构成，其核心要素是智力和知识。斯图尔特（Stewart）认为，企业智力资本包含人力资本、结构资本和顾客资本，用公式可以表达为“智力资本 = 人力资本 + 结构资本 + 顾客资本”。其中，人力资本是体现在劳动者身上的资本，指员工所拥有的各种技能和知识；结构资本是指企业的组织结构、制度规范和组织文化；顾客资本主要包括客户资源，营销渠道、方法以及策略，企业声誉等经营性资产。这三种资本的共同作用促进了企业智力资本的增值。

通过研究国内外学者智力资本的定义不难发现，除了人力资本之外，还提及商标、声誉、品牌、顾客资本等这些智力资本元素。商标、声誉、品牌、顾客资本的形成都来自主体的信用。商标、品牌代表着企业产品是否值得信任，是信用的标识符号；声誉是外界的一种评价，而信用是评价中关键性内容；顾客资本是由于自身信用而得到的商业伙伴。

可以看出，信用与智力资本有着密切关系，信用作为资本的概念可以说是源自智力资本学说。

4. 源于声誉资本学说

美国凯文·T. 杰克逊（Kevin T. Jackson）在其著作《声誉管理》（*Building Reputation Capital*）中首次提出了“声誉资本”的新概念。他认为声誉资本是公司的重要战略资本，包括真诚、信任、尊严、同情和尊重。声誉资本也是一种无形资本。公司声誉资本是社会对公司的整体印象，是公司的一种无形资产。企业的“声誉资本”是综合的“信誉指数”的总称，包括口碑、形象、信誉、业绩指标、行业地位、社会舆论和社会责任。它没有直接反映在公司的资产负债表和损益表当中。声誉与信用有着密不可分的联系，信用状况影响着声誉情况，可以说信用也是声誉的组成部分。

可以看出，信用与声誉资本有着密切关系，信用作为资本的概念可以说是源自声誉资本学说。

5. 源于关系资本学说

关于关系资本的研究，在国内外至今尚未形成一个权威统一的概念。例如，邦蒂斯（Bontis，1998）认为，对于一个企业来说，其关系资本是企业与客户和员工之间的关系，这种关系是能够带来经济利益的。约翰逊（Johnson，1999）认为，企业关系资本是企业外部的关系，是指企业与顾客、供应商等社会利益相关者之间的关系。卡利（Kale，2000）认为，关系资本是联盟伙伴的密切互动，相互信任、尊重和友好的程度。秋和匡（Thuy and Quang，2005）认为，企业关系资本可以在商务合作关系中体现出来，表现为商务双方相互信任、尊重、理解和友谊。

关系来自信任，源于信用。可以看出，信用与关系资本有着密切关系，信用作为资本的概念可以说是源自关系资本学说。

6. 源于道德资本学说

诚实守信是道德的重要内容，信用是衡量道德资本的关键指标。王晗、鲍宗豪（2015）在《论道德资本视野下的企业诚信》一文中指出，诚信作为企业的道德资本，将促进有形资本的保值增值。诚信既是可以提高企业员工生产效率的人力资本、文化资本，同时也是降低企业与外部非必要交易成本的责任型道德资本。在企业经营层面，通过发挥诚信“无形资产”的作用，并使其渗透于资本的运行过程中，可以促进劳动关系、政企关系、社会关系的改善，从而提升企业的“软实力”，增强企业的核心竞争力。

可以看出，信用与道德资本密切相关，信用作为资本的概念可以说是源自道德资本学说。

1.3 已有关于信用资本的研究

1.3.1 国外研究情况

通过梳理国外文献，发现国外学者对“信用资本”（credit capital）的概念使用非常少，国外学者的研究主要集中在信用（credit）、信任（trust）、信用制度（credit system）等与信用资本相关或相近的主题和领域。围绕信任问题的研究，学者们的研究成果多体现在信任的含义、信任的成因、信任的发展和作用等方面。美国学者普特南第一次将信任作为社会资本的重要组成部分进行界定，并指出信任是构成社会资本的基本形式之一，可以为企业带来价值增值，是一种重要的无形资产。世界著名经济学家斯蒂格利茨（J. E. Stiglitz）在其著作《发展经济学前沿：未来展望》中提出，以信任为核心内容的社会资本将是发展经济学未来的研究方向。学者们分别基于信息不对称引起的“囚徒困境”、构建战略合作模型、建立个人效用函数等理论分析了信任产生的原因。莱维基（Lewicki）将信任发展划分为权衡信任、信息信任和转移信任三个阶段，露西（Lucy）则将信任的发展阶段划分为对陌生人的信任和对制度的信任两个阶段。

极少数学者围绕信任资本（trust capital）进行了相关研究，芬兰经济学家哈里萨罗和里斯托（Harisalo and Risto）在其著作中论述了信任资本的内涵、如何获取信任资本并用于实际问题的解决，并阐述了信任资本是企业家需要学习积累和扩展的重要资源，有利于促进市场经济的发展。法国学者尼达姆（A. Nidam）认为，信任资本最初源于主观判断，经过后期交往实践，获得一系列新的能否进一步信任的证据，这样不断赋予信任资本客观性，使信任资本更接近确定性。而英国学者艾尔斯（K. Illes）则将信任资本视为道德资本的重要组成部分。法国学者皮埃尔·波迪（Pierre Bourdieu）在《实践理论纲要》一书中提到：“尽管信义、名誉及情面等东西本身并不构成经济的、物质的利益，但它们最终可以带来经济和物质利益。因而它们是一种财富，是一种‘象征性资本’。”①

1.3.2 国内研究情况

在中国知网中，搜索篇名中精确包含“信用资本”的期刊文献有 31 篇、

① 皮埃尔·波迪．实践理论纲要［M］．上海：上海人民出版社，1994.

学位论文有 3 篇、报纸文献有 3 篇，其中有湖南大学博士论文《信用资本问题研究》，有权威期刊《金融研究》上的论文《企业信用行为与失信惩戒机制——基于信用资本的分析框架》。学者肖国金和孙智英首次在他们研究中使用了“信用资本”这个概念。肖国金（2002）认为，资本可分为物质资本、人力资本、信用资本三大类；信誉是信用资本的实质，信用资本是信誉的货币表现；信用资本与物质资本、人力资本三者有机结合，能产生高效、良性的社会生产力。孙智英（2002）、耿永志（2005）认为，当信用成为一种影响经济效率的要素时，它就具有了资本的性质。李新庚（2003）将信用资本定义为市场要素中的一种能够带来经济效益的社会资本，付出信用成本的风险性投资行为可以给市场主体带来积极的经济效益，也即信用收益。李新庚认为信用能成为资本的原因是信用能够通过不断积累而形成经济主体的信誉、商誉、品牌等影响经济效率的要素，这种要素能够给经济主体带来经济利益，从而具备了资本的性质。

王一兵（2006）将信用资本定义为信用本身蕴含的价值，是社会资本的重要组成部分和表现形式之一，是应当珍视的重要资源。王鲁峰（2007）认为，产品质量可靠，对消费者、员工、投资人诚实不欺，对社会承担责任等，这些都体现了企业的信用，长期积累使其形成信用资本，可以体现为信誉、商誉、品牌等多方面。贺学会（2008）认为企业如果能够通过信用贷款投资经营并获得额外利润，那么额外利润可看作信用所带来的价值，并将额外利润的总现值定义为信用资本。刘晓蔚（2008）认为，只要重视对信用主体的信任，信任本身的经济价值就会产生，信用就会向资本化方向发展，从而形成信用资本①。郁俊莉（2009）认为，信用资本是指信誉的货币资本化的表现，即把信用作为能够带来增值的价值，作为可以与货币资本、物质资本等同的资源，作为能产生相当信用额度的信贷融资资源。张洁（2012）认为，

① 刘晓蔚．面向银行融资目的的中小企业信用资本积累研究［D］．江苏：东南大学，2008.

企业建立信用资本有利于降低交易成本，促使企业获得更多的社会资源和机会，有利于企业形成核心竞争力和长期竞争优势。吴晶妹（2013）将信用资本视为信用主体的一种财富，并提出了吴氏信用资本论。王磊、闫帅等（2018）也赞同王一兵的观点，认为信用资本是蕴藏于信用本身的、能够为拥有信用并发生信用行为的市场活动主体在经济交易过程中创造经济利益的经济价值，并提出了企业信用资本形成的机理与发展对策。李勇坚（2019）把信用资本化作为解释金融科技的一个新视角。他认为，进入信息时代，通过信用来整合经济资源，信用成为配置整合社会资源的资本；随着金融科技的大规模应用，信用发展到资本化阶段。吴晶妹（2020）在对社会信用体系的研究中明确提到，信用资本是一种可以促进社会资源公平有效配置的虚拟资本。

纵观国内外关于信用的研究，虽然研究方向非常丰富，也取得了许多具有现实意义的研究成果，但是将信用作为一种资本进行研究的并不多，而且基本是国内学者针对中国社会信用体系建设的实践而提出来的理论观点，仅仅停留在"信用资本"概念提出阶段，缺乏对信用资本概念内涵的详细研究，缺乏文献详细研究信用资本与其他类型资本（如社会资本、智力资本、声誉资本、道德资本）的联系和区别，也未发现有文献论述"信用资本"这个概念能单独解释现实生活中的哪种经济现象或经济问题，更缺乏文献对信用资本价值的量化测度。

1.4 本书基于广义信用范畴对信用资本的界定

广义信用范畴下，信用作为资本可以从微观层面的企业价值创造和宏观层面经济效率提升这两个层面来分析。

1. 企业价值创造的驱动因素

自20世纪八九十年代以来，企业管理理论中基于价值管理（VBM）的模式随着经济全球化及知识经济时代的到来而得以产生与迅速发展。VBM 模式的目标是实现企业价值创造与价值增长，而探寻价值创造的驱动因素则成为其管理过程的关键环节。在探寻过程中，人们发现企业价值创造的驱动因素有从依靠传统的机器设备、企业规模等“硬”资产或物质资本，向依靠技术、学习型组织、投资者与客户关系良性互动、内部结构与企业间网络等“软”资产或无形资产转移的趋势。经济学界在解释分析“里昂惕夫之谜”的过程中，提出了“人力资本”是经济增长的关键因素，突破了主流经济学两大生产要素——“劳动”与“资本”中狭义的、同质性的资本要素的内涵，资本的内涵泛化为一切可为经济增长及企业实现价值创造的异质资源，即广义的资本内涵。人力资本的提出实现了“资本”向广义的扩展，使资本成为可以带来价值增值的所有资源的代名词，管理学界由此运用这一广义上的资本内涵，将上述技术、知识、学习型组织、投资者与客户关系良性互动、内部结构与企业间网络关系等企业价值创造驱动因素，定义为人力资本、知识资本、智力资本、组织资本、结构资本、社会资本、关系资本等。因此，这些广义资本成为真实的企业价值创造及其演化的“基因”①。

近年来，随着大数据技术的发展，大数据征信应运而生，社会发展越来越信用化。在信用化社会中，企业信用信息能够以惊人的速度和准确度被聚集并加以分析，信用正成为企业的一种重要无形资源。信用这种无形资源帮助企业在资本（金融）市场上，比较容易地获取了融资，降低了企业资金成本；在产品市场上，树立了企业形象和品牌，降低了供应链中断风险，扩大了企业销售，降低了采购成本；在人才市场上，吸引了优秀人才、激发了工作潜力、降低了人员流失、缓解了道德风险和逆向选择风险，从而降低了企业管理成本、人工成本；在政府、社区等公共管理领域降低了企业的合规成本，获得了政府和社区的支持。信用这种无形资源能够为企业创造融资价值、

① 袁业虎．基于广义资本及其价值创造的动态财务理论探讨 [J]．当代财经，2013（12）：109 - 116.

品牌价值、经济综合价值[①]，成为企业价值创造的重要驱动因素。

2. 经济效率提升的驱动因素

（1）经济效率的影响因素——契约不完全与信息不对称。

契约理论认为社会经济生活中的各种交易和制度都是一种契约。例如，商品买卖是一种契约，企业员工雇佣是一种契约，法律也是一种契约，社会交往同样是一种契约。在法国大思想家卢梭所著写的《社会契约论》中，他将制度看作公民与政府之间的一种契约。契约理论认为所有的交易和制度都是契约关系，由于存在信息不完全不对称问题，当事人就可能会出现机会主义行为，侵占对方利益，造成纠纷，从而扰乱经济秩序，影响资源配置效率。信息不对称是影响契约履行的最大风险，契约理论就是要通过有效率的机制设计（如社会信用机制），来减少风险的发生，提高契约执行效率和经济效率，从而促进社会福利最大化。

由于当事人的有限理性，其不能预见将来所有可能出现的情况，加上信息不对称，以及缔结涵盖所有情况的契约需要付出高昂成本的原因，这使得契约不能对未来所有或然事件及其相关责任权利作出明确规定。另外，契约执行中的某些信息对于当事人双方可能是可观察的，但对第三方（如法庭、政府管理部门）是不可证实的，导致第三方在执行契约关键条款时存在困难。因此，契约注定是不完全的，当事人就可能出现机会主义行为，例如“敲竹杠”、偷工减料等。不完全契约是指缔约双方不能完全预见契约履行期内可能出现的各种情况，从而无法达成内容完备、设计周详的契约条款。契约不完全所带来的后果就是削弱了事前的专用性投资激励，导致事前投资效率低下。

除了人的有限理性和交易成本，信息不对称是导致契约不完全的一个重

---

① 详见本书第2章中信用资本的多元价值相关内容。

要原因。不对称信息是交易对方所不知道的信息，尤其是交易对方无法验证的信息，具体包括两大类：一类是事先外生的不对称信息，它涉及交易对象本身的属性特征，如商品质量、员工招聘时的真实能力、企业真实的还款能力等属于隐蔽信息，容易导致逆向选择问题；另一类是事中内生的不对称信息，它是指契约签订后不可观察、无法监督的行为信息，如工作的努力程度属于隐藏行动，容易导致道德风险问题。

（2）信用机制在缓解信息不对称及契约治理中的作用。

信用机制是契约关系的一种可替代性治理工具，有助于缓解契约不完全和信息不对称问题，从而提高效率。

社会信用体系是市场主体在履行契约过程中面临的约束条件集，主要通过社会信用的正式制度和非正式制度来影响市场主体的行为选择。社会信用正式制度，如社会信用法律、信用信息的披露与社会征信制度、信用联合奖惩制度等，可以缓解信息不对称、减轻不完全契约问题，是契约的第三方实施机制；而社会信用非正式制度，如社会诚信文化、信用交易惯例、人们守信习惯等，也可以缓解信息不对称、减轻不完全契约问题，是契约的自我实施机制。

因而，信用机制可以通过社会信用正式制度和社会信用非正式制度一起缓解信息不对称和不完全契约问题，提升契约执行效率，降低逆向选择和道德风险。大量研究表明，在信息不对称及契约不完全情况下，完善的信用机制可以降低交易费用、形成稳定预期、促进合作、促进契约的执行及事前的专用性投资等，提高社会经济效率，对宏观经济发展和企业微观行为均具有显著影响。

3. 基于价值创造与效率提升的宏微观信用资本界定

界定信用资本应该坚持经济学思想史上的广义资本观。广义资本观就是立足于“具有创造社会财富能力的资源”这一资本的经济本质属性。“资本”

的内涵在人力资本概念提出后开始向广义扩展，出现了“泛化”趋势，成为一切可以带来价值增值的资源表现形式，抽象化了资本最初含义，为各类“资本”概念的提出奠定了词源上的基础，此后，智力资本、知识资本、组织资本、关系资本、声誉资本、道德资本、文化资本等概念纷纷涌现。

从宏观上来看，信用是道德的范畴，也是法律上要求；道德和法律是构成社会经济制度的重要部分，而制度（包含正式制度和非正式制度）就是一种维持正常经济秩序、提升经济效率的社会资源，也是保障和促进社会财富创造的社会资源。从微观上来看，信用是社会主体的一种良好品质、一种信誉、一种能够带来经济利益、创造价值的无形资产。因此，本书认为信用能够成为一种资本。

（1）信用是信任的基础，信用主体在经济社会相互交往过程中由于守信而得到对方的信任，这种信任能够使信用主体从社会关系中获得资源和机会，能够给个人或者团体带来额外的利益，能够促进合作行动。因此，按照社会资本理论，信用具有资本的性质，是一种社会资本。

（2）从个人角度，信用来自个人的履约能力、履约意愿以及所形成声誉等，而这些能力、意愿以及声誉又根源于人力资本定义中的知识、技能、品质和社会关系。因此，按照人力资本理论，信用具有资本的性质，是一种人力资本。

（3）从企业角度，企业的商标、声誉、品牌、客户资本的形成都源于企业的良好信用，而这些商标、声誉、品牌、客户资本都属于智力资本。因此，按照智力资本理论，信用具有资本的性质，是一种智力资本。

（4）信用是声誉的重要组成部分，因此，按照声誉资本理论，信用具有资本的性质，是一种声誉资本。

（5）关系来自信任，源于信用。因此，按照关系资本理论，信用具有资本的性质，是一种关系资本。

总之，信用具有资本性质。信用资本是社会资本的形式之一，个人的信用资本属于人力资本，企业的信用资本是智力资本中的关系资本。信用资本也是一种声誉资本，属于一种非物质资本，能与其他非物质资本和物质资本一起为市场经济主体带来经济利益、创造价值。

按照目前国内社会信用立法中对社会信用的界定①，本书将微观主体的信用资本定义为：信用资本是信用主体在社会和经济活动中履行法定义务或者约定义务、践行社会诚信价值观所具有的履约能力和累积形成的履约形象。这种履约能力和累积的履约形象将给信用主体带来增值利益，而增值利益即信用资本的价值内涵。

借鉴宏观社会资本的内容②，本书将宏观信用资本定义为：一个国家或地区的社会信用制度、信用规则以及人们的信用习惯、信用意识和信用文化等，包括社会信用的正式制度和非正式制度。

1.5 信用资本的分类、特征与其他资本的区别

1.5.1 信用资本的分类

1. 按产生经济利益或回报的范围分类

按产生经济利益或回报的受益范围，可将信用资本分为微观信用资本和宏观信用资本。

---

① 见《广东省社会信用条例》《上海市社会信用条例》《山东省社会信用条例》等。

② 张文宏．社会资本：理论争辩与经验研究［J］．社会学研究，2003（4）：23；托马斯·福特·布朗．社会资本理论综述［C］//李惠斌，杨雪冬．社会资本与社会发展．北京：社会科学文献出版社，2000.

微观信用资本产生的经济利益受益范围较小，主要是信用主体自身受益。这种经济利益生产的原因是信用主体的良好信用能力、信用行为记录等而使其在商业活动或社会交往中获得某种经济利益，如获得融资便利、树立品牌、赢得良好声誉等。本书第 2 篇“信用资本的价值如何评估量化”，主要就是针对微观信用资本进行评估测度。

宏观信用资本产生的经济利益受益范围较大，整个地区都会受益，属于宏观社会资本的范畴。这种经济利益产生的原因是社会良好的信用文化、信用制度规制、守信习惯等而使得整个社会交易成本降低、经济效率提高，社会更加公平和谐。

目前，国内衡量宏观信用资本的数据主要有中国管理科学研究院编制的“城市商业信用环境指数”和全国城市信用状况监测平台①发布的“全国城市信用综合指数”。“城市商业信用环境指数”既包括信用交易规则制定与执行、信用监管部门设置和监管设施完善情况等信用正式制度的因素，又包括诚信教育、企业对信用环境满意状况调查等常用来衡量信用非正式制度情况的因素。“全国城市信用综合指数”主要是运用互联网信息采集与数据挖掘技术，监测各城市的四类行为主体——政府部门、企业、社会组织、司法机关在政务诚信、商务诚信、社会诚信、司法公信四个方面的信用信息，据此分析城市社会信用环境状况。

2. 按主体分类

按信用资本是为哪类主体带来经济利益或能促进其目标实现，可将其分为政府信用资本、企业信用资本、社会组织信用资本、个人信用资本。

政府信用资本不仅有助于政府自身行为目标的实现，也能为社会带来有利影响。政府信用资本是政府获得公众对政府信任的能力，这种值得信任的

---

① 信用中国网，https://creditcity.creditchina.gov.cn/indexNew.aspx。

能力来源于社会公众对政府守约重诺的意愿、能力和行为的评价。政府信用资本有助于政府施政和政府效率的提升。政府拥有信用资本的大小对社会具有示范性，政府作为社会公众观念与行为的指导者，作为国家管理的实体存在，其信守规则、遵守诺言、实践践约的信用行为对于全社会来说具有重要的指导意义和象征意义，“上梁不正下梁歪”，政府积累信用资本会影响公众对信用资本的积累，因此，政府信用资本是社会信用资本的重要衡量指标。

企业是市场经济活动中的重要主体，企业信用资本的形成需要企业不断地投资积累，从而为其自身带来经济利益回报。

我国社会组织包括社会团体、民办非企业单位、基金会三类，属于非营利性组织。社会组织信用资本将有助于社会组织本身获得社会信任和认可，从而有助于其组织目标的实现。

社会由个人组成，人类是社会性群体，具有社会交往的需要。个人信用资本有助于其个人在社会生活中更好地开展社会交往，实现人生目标。

3. 按增量、存量分类

按信用资本是累计形成的还是增加变化引起的，可将其分为存量信用资本和增量信用资本。

例如，某上市公司因发生失信行为而导致其股票价格下跌，造成公司股票市值缩水，股票市值缩水量的大小就反映了其增量信用资本的影响；某慈善机构因近期内部治理机制不断完善，当年被评为 AAAAA 级社会组织，促使其获得的社会捐赠大幅增加，这些增加的社会捐赠，就是该慈善机构的增量信用资本的反映。而某企业由于历年良好的信用记录而被授予 5A 信用等级企业，反映了其存量信用资本的情况。

1.5.2 信用资本的特征

崔智英曾指出：“从现代市场经济的实际发展看，资本有三类：经济物质资本、人力资本、信用资本”。在工业经济时代，物质资本是获得投资收益的主要资本，但在知识经济时代，人力资本获得的投资收益更高。随着知识经济的发展，企业价值创造过程中的重要投入开始变为智力资本。智力资本与物质资本的本质区别在于，在资本的应用过程中，物质资本的边际报酬率呈下降趋势，而智力资本则呈上升趋势。信用资本是信用本身的价值，它是由市场主体信用能力和信用记录产生的。而随着经济的发展，物质资本会越来越容易被复制，智力资本和信用资本将会越来越重要，且物质资本、智力资本结合依赖于信用资本，企业如果把信用资本与物质资本、智力资本等资本结合起来，能提高企业价值，形成自身竞争力。

信用资本除了具有和一般资本能够给资本所有者（信用主体）带来收益的相同特征外，还具有自身的特点。

一是无形性。信用资本在形式上属于一种非物质资本、无形资本，不具备外在实物形态。

二是依附性。信用资本能够给资本所有者（信用主体）带来持续的收益，却依靠于实物资产和其他资产，无法单独直接产生收益。另外，信用资本无法脱离特定信用主体而单独存在，无法单独转让。

三是外部性，信用资本不但会给信用主体带来经济利益，或对自身造成影响，同时也会间接作用到与信用主体交往的其他相关主体上，可能会产生正面或负面的外部效应。

四是累积性。良好信用的形成需要逐步积累，信用资本也需要随时间积累。市场主体的信用水平越高，越能够形成信用资本积累价值的正面循环；反之，信用水平越低，越容易形成信用资本累积的恶性负面循环。

五是增减的非对称性。如图 1.1 所示，信用资本增加相对缓慢，但信用资本减少却很容易，呈现增减的非对称性。信用资本增减遵循三个效应：①累积效应，这是信用资本缓慢积累阶段表现的特征；②马太效应，这是信用资本加速增长阶段表现的特征；③雪崩效应，这是出现严重失信事件之后信用资本急剧的断崖式下跌阶段表现的特征。

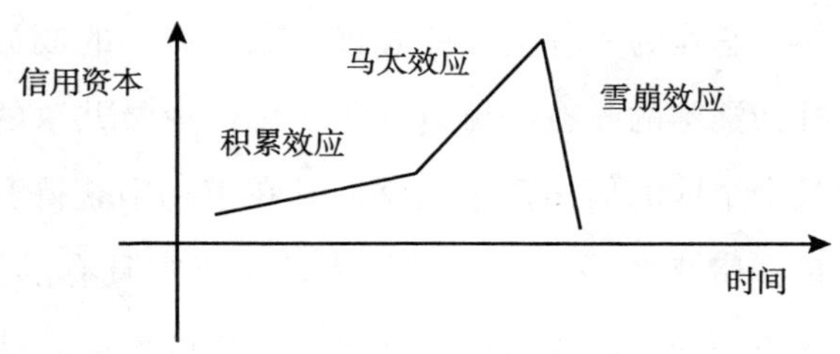

图 1.1　信用资本的变化特征

1.5.3　与其他类型资本的区别

信用是一种资本，与社会资本、人力资本、智力资本、声誉资本存在紧密的关联关系，信用资本的概念范畴与社会资本、人力资本、智力资本及声誉资本的概念范畴存在交叉重叠之处，但也存在明显区别。

1. 信用资本与社会资本区别

从微观个体来讲，社会资本强调个体与外界社会网络的联系，通过社会网络与外界的联系来获取有利于实现自身目标的各种资源，如信息、机会等；社会资本的大小取决于个体在社会网络中的位置、与外界关系的强弱等。而信用资本强调个体与外界交往中的守信履约行为，通过积累信用来获取外界的信任，从而获取交易机会；信用资本的大小取决于个体自身的履约能力、履约意愿的强弱等。

从宏观整体来讲，一个国家或地区的社会资本强调的是“存在于社会之中的一组规范、网络和组织，这些规范、网络和组织能促进人们的一致行动”，联合国开发计划署把社会资本视为一种自觉形成的社会规则。而信用资本强调的是社会良好的信用文化、信用制度、人们的守信习惯等。

信用资本与社会资本另一个重大区别就是社会资本具有公共物品特性，而信用资本则不具有这个特征。因为社会资本存在于人际关系结构中，它不依附于独立的个体，它作为一种资源能够被特定组织中的成员获取并为其带来收益，因此，社会资本的收益是可以为组织中的成员共享的，从而具有公共物品特性。而某个个体的信用资本能够使其在市场中获得竞争优势，这种竞争优势仅为其自身带来收益。而正是因为社会资本具有的公共物品特征，社会资本除了有利正面的影响外，还存在不利负面的影响，信用资本则不存在这个问题。例如，由于社会资本强调社会组织结构、社会网络联系，因此，一个组织内部联系紧密，对组织内部成员带来好的影响，而对于非组织内成员往往会带来不利的影响。社会资本限制了成员的“信任范围”容易产生排斥圈外人、对组织内部成员要求过多、限制组织内部成员的个人自由，以及用统一规范消除差异等消极作用。

当然，从特定角度来说，信用资本可以看成是社会资本的一种类型。信用资本的本质是对信用关系的一种资本化，社会资本某种意义上是对社会关系的一种资本化，而信用关系可以看成是社会关系的一种。例如，一件商品售价是10万元，凭借良好的信用，卖家同意用赊销的方式进行交易，从赊购赊销角度，可以说买家的信用资本值10万元。而社会资本则是说买家有怎样的社会网络关系，并能够借助这个社会关系找到愿意赊销的卖家。

可以看出，信用资本与社会资本还是存在较大区别的。

2. 信用资本与人力资本、智力资本的区别

信用资本与人力资本、智力资本都属于无形资本。人力资本、智力资本强调人的技能、知识、智慧的价值；而信用资本强调人的守信行为、履约能力的价值。人力资本、智力资本是脑力资产和智力成果，某种程度上，可以看成是将人们的脑力创造的能力进行资本化；而信用资本关注的是对人们信用关系的资本化。另外，信用是人们与社会经济交往过程中形成的。因此，

相比于人力资本、智力资本，信用资本更具有社会评价属性。

3. 信用资本与声誉资本的区别

声誉资本是指一定行为主体因自己行为积累的良好声誉而为其带来的好处或收益。声誉资本与信用资本、道德资本具有非常密切的关系。

声誉资本与信用资本非常相似，它们都是以信用为基础。但声誉资本所包含的因素更多，如口碑、形象、声誉、业绩、行业地位、舆论和社会责任等。信用与声誉之间的区别在于：声誉是外生的，由社会的评价或者其他评价而产生；而信用是由信用主体自身的履约能力和履约历史记录所决定的。

（1）评价标准不同。

就评价标准来看，声誉资本的外延广于信用资本。声誉资本包含社会中大多数人关于道德的共识，对声誉资本的评估实质上是基于多种道德共识而作出的价值判断。

个人声誉资本涵盖个人信用资本，且是对个人素质的综合评价，包括个人守信情况、是否遵守公共秩序、个人道德品质好坏等多个方面。个人信用的好坏仅是评估个人声誉的参考因素之一。

个人信用资本是自然人在经济活动过程中的长期信用累计的评价，主要参考自然人的履约次数、履约能力、个人资产等因素，评价数据来自信用记录与信用评分、信用报告和失信人“黑名单”等信用信息。

（2）功能不同。

声誉和信用具有不同的价值属性，并各自对应不同的社会功能。信用机制的社会功能主要是管理经济活动，促使交易双方遵守契约，降低交易过程中的信息不对称风险，能够促进生产和交易。

然而，声誉机制的社会功能与信用机制存在明显的区别，人们守信用，并不意味着遵守公德。声誉机制的主要目的在于维护社会基本秩序和公德，通过一定的惩罚措施约束个体不道德的行为，起到维护公共环境、保护公共设施、管理公共秩序等作用。

（3）道德价值不同。

信用关乎社会诚信，声誉关乎社会公德。自然人作为社会构成的基本要素，个人信用与个人声誉反映了人的不同的道德价值，也是社会对个人道德作出的不同评价。

对个人声誉进行评价时通常伴随对其历史行为的多角度道德判断，影响个人声誉的正面因素和负面因素具有多样性。而个人的信誉度主要受其信用历史、部分定量指标的影响，通常仅借助信誉度判断公民的信用风险。公民是否诚实守信是信誉的主要道德价值，并不在其他道德评价上对个人信誉做过多的延伸。

4. 信用资本与道德资本的区别

张鹄在《道德资本论》中指出，道德资本是存在于人与人之间（包括自然人和法人）的道德关系（包括整体社会道德规则和个体品德），这种道德关系对未来生产或交换具有经济效用，而道德资本正是这种经济效用的一种价值存量。

从这个道德资本的定义来看，宏观上的道德资本包括社会道德行为规范体系和制度条例，还包括一切无明文规定的道德价值观念、道德文化和道德习俗。宏观上的信用资本侧重社会上的信用制度、信用文化、人们的守信习惯等。而无论是信用制度，还是信用文化、人们守信习惯都属于道德制度、道德文化、道德习俗的范畴。因此，宏观上，一个地区的道德资本包括信用资本，由于诚信是道德的重要内容，信用资本也就成为道德资本的核心①。

但从微观上来看，道德资本侧重于个体的道德品质，而信用资本侧重于

① 邱念平．道德资本及其构建问题［D］．成都：西南民族大学，2011.

个体的履约能力和履约意愿，其中的履约意愿就属于道德品质的内容。这也是在对个人信用评估采用“3C”，即人品（character）、能力（capacity）、抵押（collateral）准则时，把人品看成最重要的信用决定因素的原因。从这个意义上看，不同于宏观上信用资本与道德资本的关系，微观上，个体道德资本是个体信用资本的构成部分。

1.6　提出信用资本概念的意义

在学术界已提出了人力资本、智力资本、社会资本、道德资本、声誉资本等众多资本概念的情况下，是否有必要再单独提出信用资本概念呢？

1.6.1　有利于提升人们信用意识、主动参与社会信用建设

在社会信用体系建设当中，是应当由政府主导，还是由市场主导？这在我国曾引发争议。与美国、英国等西方市场经济国家由市场自发形成的信用体系不同，我国社会信用体系建设目前还是由政府主导。随着首个国家级《社会信用体系建设规划纲要（2014～2020）》执行结束，我国社会信用建设目前已经进入第二阶段。尤其是 2022 年 3 月中央办公厅、国务院办公厅印发了《关于推进社会信用体系建设高质量发展促进形成新发展格局的意见》，其作为我国社会信用体系未来中长期建设的纲领性文件，突显了在我国加快构建新发展格局的高质量发展阶段，社会信用体系建设肩负的重大使命。但其自身的高质量发展又该如何推进呢？未来信用体系高质量发展应该是在政府主导、推动引导之外，让市场主体主动参与和一起共同推动。信用资本概念的提出，会使市场主体意识到信用能够带来价值增值，将有助于他们自觉主动维护自身信用，积极参与社会信用建设。

1.6.2 有利于单独分析和解释信用在社会经济中的影响

人力资本、智力资本、社会资本、道德资本、声誉资本均涉及“信用”元素，但又不完全是信用问题，拿这些现有资本类型的概念来解释和分析不同地区信用规则、信用环境、信用文化等信用因素对地区经济社会发展的影响明显不合适；同样，用这些资本类型概念来解释和分析不同市场主体的信用行为、信用记录、信用信息、信用报告等信用因素对市场主体经营决策的影响也明显不合适。而使用信用资本这个概念则可以较好地解决这些问题。

社会资本、道德资本、声誉资本等资本的内涵太宽泛，并且难以计量，而信用资本内涵范围更小，更容易量化，便于管理。社会资本理论面临的最大问题是概念泛化、量化难①。诺贝尔奖得主阿罗则认为“测量社会交互行为的想法也许是一个陷阱，一种妄想”。社会资本的概念及其理论之所以遭到许多人的批评，很大原因是难以测度。在社会资本的测量指标中，国外主要有网络位置和格兰诺维特的关系强弱，测量常采用互动的频率、情感密度、熟识或相互信任的程度、互惠交换四个要素。国内学者边燕杰运用社会网络规模、网顶、网差和网络构成四个测量指标来量化社会资本。在社会资本量化过程中，找到代表性的衡量指标，并且能够标准化操作是非常具有挑战的。道德资本和声誉资本同样存在难以量化的问题。但是，信用资本的内涵相对较小，而且信用资本对应有相应市场主体的信用记录作为依据，尤其是在目前大数据征信时代，信用信息能够被低成本、快速、精确地归集，信用资本的计量将相对其他类别的资本更加容易、因摒除了主观判断而更加客观、操作性更强。信用资本的测度由于基于客观的信用信息记录而更易于为社会大众所理解和接受，从而更有利于企业和个人利用信用资本理论加强管理。另

① 张广利．社会资本理论发展的瓶颈：定义及测量问题探讨［J］．社会科学研究，2006.

外，在中国语境下，积累社会资本容易被理解为搞社会关系，被认为是一种暗箱操作，不具有正能量，而积累信用资本，则是在社会上提倡人们持续守信，具有正能量。

1.6.3 有利于开展对信任、信用问题的量化研究

社会信任问题是经济学研究的重要内容。信任和信用密切相关。有信用是被信任的基础；被信任是表现，有信用是原因。目前，国内外学者们对社会信任的量化一般采用问卷调查的方式，这种方式存在一定问题。

一是主观性较强，调查结果受被调查者个人认知、偏好、经历的影响较大。国外学者一般从“世界价值观调查”（World Values Surveys，WVS）系统上获取国际上不同国家和地区的社会信任水平数据（La Porta et al.，1997；Knack and Keefer，1997；Guiso et al.，2008；Aghion et al.，2010）。我国学者在研究国内社会信任问题时主要采用自“中国企业家调查系统”和“中国综合社会调查（CGSS）系统”中获取的社会信任水平数据。“中国企业家调查系统”在 2000 年对全国 31 个省（区、市）进行了问卷调查，调查对象对“您认为哪五个地区的企业比较守信用（按顺序排列）”进行回答，各省份的社会信任数值根据对这个问题的回答进行汇总计算。[①] CGSS 与 WVS 类似，对于社会信任的调查问题，基本上类似于“总的来说，您是否同意在这个社会上，绝大多数人都是可以信任的?”[②] 调查根据主观回答进行汇总计算作为社会信任的衡量指标，缺乏客观性。

二是调查结果是一个区域、宏观、整体数据，这些数据对进行微观领域

① 张维迎，柯荣住．信任及其解释：来自中国的跨省调查分析［J］．经济研究，2002（10）：59－70，96.

② 刘笑霞，李明辉．社会信任水平对审计定价的影响——基于 CGSS 数据的经验证据［J］．经济管理，2019（10）.

里信任或信用的学术研究以及对市场主体的微观决策作用不大。这种调查结果常用于研究信任对地区经济社会整体的影响，但对于诸如“企业的社会信用状况对其自身行为、业绩的影响”这类研究问题，目前尚无广泛认可的指标和数据。宏观整体的社会信任数据，并不能有效揭示单个个体值得信任的程度。因为一个地区有众多的市场主体，每个市场主体的信用状况、被信任的程度是千差万别的。随着信用大数据时代的到来，市场主体的信用被快速地、永久地记录下来。而基于这种信用信息来量化每个市场主体的信用资本，具有一定的客观性。社会信任量化研究中缺乏微观主体被信任的“客观性”量化指标，而对单个市场主体的信用资本进行量化测度刚好可以弥补这个缺陷。

基于问卷调查来测度社会信任存在的弊端，西方国家学者开始采用“各地区非政府组织数量”（NGO）来间接度量社会信任。然而，NGO 源于美国和欧洲，是西方政治文化和社会制度下形成的一种社会组织，具有特殊的政治文化属性，在西方国家治理和对外战略中发挥着举足轻重的作用。伦敦大学名誉教授维克托·托马斯甚至指出“NGO 是美国扩张的主要工具之一”。由于我国对社会组织的管理方式不同，我国社会组织的性质和社会功能也不适用于西方国家的 NGO，因此，研究中国社会的信任问题，不能照搬西方国家学者采用 NGO 来作为衡量指标，需要开发中国的“社会信任”指标。

在中国，社会信任的“关系化”特征比较显著。这种“关系化”特征不是来自团体内部的交往，而是源于关系的认定（家人、亲戚、同学、老乡等）、可以搭建的关系以及由前两者构建形成的关系网（翟学伟，2014）。这种熟人范围内的关系网通过对位于网络中个体的守信与失信行为进行信息扩散，从而施加奖惩，进而促进信任在小范围内确立。因此，中国人普遍更相信自己人和熟人，这种信任难以扩展到更远的社会（福山，2001）。然而，近年来随着中国城镇化和数字经济的发展，中国社会已从传统乡村的“熟人社会”过渡到现代城市的“陌生人社会”，再发展到如今的互联网世界的

“匿名人社会”，这种社会结构转型和数字技术的兴起也使得人们之间的交往边界更加广阔，对陌生人、匿名人的信任需求增加，这便迫使社会信任重构。有信用是被信任的基础，客观的信用记录可以作为信任的可靠依据。中国社会信任的重构需要信用数据做技术支持，“信用资本”是一个较好的选择，可以反映个体信用积累情况，体现信用履约能力和信用履约意愿，是衡量是否值得信任的可靠指标。

| 第 2 章 |

多维“信用观”与信用资本的多元价值

什么是信用？社会上有多种不同看法，即存在多维信用观，正所谓“仁者见仁，智者见智”。站在信用主体的立场，有人从伦理学角度，将信用视为信用主体的一种诚信道德品质；有人从经济学角度，将信用视为信用主体的一种偿债能力、一种信誉或声誉、一种无形资产，甚至是一种获得信任的资本；有人从社会学角度，将信用视为信用主体在社会活动中的一种行为规则、一种应当履行的社会责任。对信用的不同理解，直接影响到对信用价值的看法。

信用有何价值？信用的价值是多领域多方面的，信用具有伦理、社会、经济等多个领域的价值。在经济领域里，信用因应用领域不同又具有信贷价值、品牌价值等。

信用价值几何？现实社会的生产生活中，人们都认为信用是有价值的，但信用在各方面具体有多大的价值，目前尚无研究。本书第 3 ~5 章将探索信用资本价值的评估测度。

2.1 多维“信用观”

信用伦理学的研究表明，信用是人们因一定的秩序要求、合同、契约、许诺等建立起来的一种权利义务的特定关系，这种关系是基于某种利益需求而设定的。因此，信用是人们基于某种利益需求，在持续的许诺、履诺过程中形成的社会关系，它是对承诺履行情况的一种评价。

在现实社会交往活动中，人们因交往活动的目的不同，许下的承诺内容或范围也不同。例如，在资金借贷活动中，承诺内容是按期还本付息；在产品销售活动中，承诺内容是产品质量、价格、后期服务等。承诺的范围一般由合同界定。而现实中，还有大量承诺是隐含的、默认的，甚至法律规定的。例如，企业不能进行不正当竞争，应按时纳税、按期支付职工工资、保护环境等；再如，私人社交活动应当诚实守信。这些承诺并没有正式合同约定，但是有法律上、道德上的约定，是人们普遍默认的。近年来，随着社会对企业商业伦理的重视和对社会可持续发展期盼的提高，虽然对企业道德义务和社会责任的具体内容和范围尚存一些争论，但企业已经意识到履行社会责任的重要性并着手承担广泛的社会义务，人们也逐渐默认社会责任是企业开展经营活动的一种承诺。

正因为人们承诺的范围在不断扩大，信用这个概念的范畴也随着社会发展不断扩大，已经从中国古代道德伦理范畴的“诚信伦理信用”，以及西方最初金融领域狭义的“资金借贷信用”扩充到商品交易领域中的“产品赊购信用”，然后又扩展到消费市场上的“产品质量信用”“产品价格信用”等市场信用，再扩大到“纳税信用”“环保信用”等行政监管领域的公共信用，从而构成了“信用道德品质观”“信用偿债能力观”“信用信誉表现观”“信用社会责任观”等。由于信用范畴扩大，加上信息技术发展，信用信息在社会公众中传播更便捷，出现了“信用综合声誉观”，最终形成了现在的广义信用观：信用是一种资本，即“信用资本观”。这些不同信用观点组合形成多维信用观，其相互关系如图 2.1 所示。

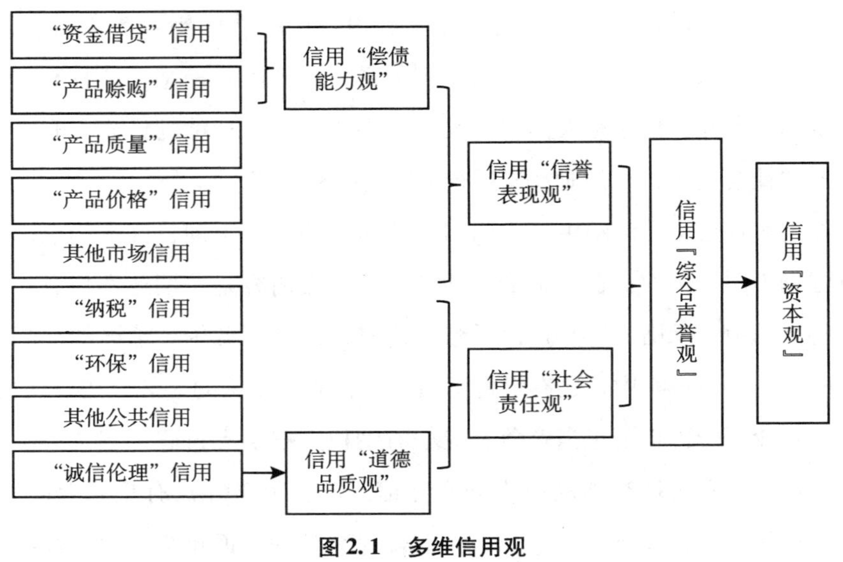

图 2.1　多维信用观

2.1.1　信用道德品质观

信用道德品质观是指将信用视为个人诚信守信的道德表现，信用评估是对个人诚信守信的道德品质的评估。因此，信用诚信观与道德伦理有关。

如果从伦理的角度来理解“信用”这个词，它实际上是指“信守诺言”的一种道德品质，人们在日常生活中讲的“诚信”“可信”“讲信用”“一诺千金”就是从伦理角度的层面上反映出“信用”这个词的具体表现。因此，

“道德伦理信用”这一观念也就产生了。“道德伦理信用”是指将信用视为一种道德伦理。从伦理学的范畴来看，信用体现为一种约束人们行为的道德准则，是人类社会的一种价值观。信用作为一种基本道德准则，是指人们在日常交往中应当诚信无欺、遵守诺言的行为准则。诚实守信的人会得到大家的推崇和信任，失信的人则将受到谴责和孤立。当人们都认同并遵守这种价值观和道德准则时，社会的信用环境就会优化，失信的行为就会减少。为了提升整个社会的信用水平，每一个人都要树立良好的信用道德伦理观。

1. 中国传统文化中的诚信伦理信用

信用道德伦理观在中国传统文化中占有十分重要的地位，这可以从经典文献中窥探一二。例如，在儒家文化经典文本《论语》中，有 38 次提及“信”，其主要的内涵就是诚信。这些表述从多个角度阐述“信”的重要意义。在做人时要“人无信不立”“言而无信，不知其可”；在交友中要“与朋友交而不信乎？”“与朋友交，言而有信”“主忠信，无友不如已者”；从政治的角度有“民无信不立”“道千乘之国，敬事而信，节用而爱人，使民以时”；在学习时要“笃信好学，守死善道”“子以四教：文、行、忠、信”；在日常行事中要“主忠信，徙义，崇德也”等。诚信待友是孔子理想社会的重要内容：“老者安之，朋友信之，少者怀之。”中国传统认知中的“信”大体包含了守信、忠信等内涵，其对内是一种卓越的伦理品质，对外是实现社会秩序的保障，是实现社会德治的根本。中国是一个自古就重视信用的国家，具体表现在以下几个方面。

首先，“信”是个人立身为人的根本。“失信不立”的传统观念（《左传·襄公二十二年》）就是说守信是一个人立足社会的前提，因为守信的人不仅自身言行可靠，而且相比不守信的人，他们更容易获取他人的信任，从而更能维持健康的社会交往。孔子也曾有类似的表述，在《论语》的《为政》篇中：“人而无信，不知其可也。大车无輗，小车无軏，其何以行之哉？”。孔子甚至已经将“无信不立”的理念上升到国家治理层面，他直言：“言忠信，行笃敬，虽蛮貊之邦，行矣。言不忠信，行不笃敬，虽州里，行乎哉?”（《论语·卫灵公》）。可见，无论是具体的社会主体，还是抽象的组织甚至国家，“信”及其内含的“诚”都是安身立命的基础。

其次，“信”是实现事业有成的根本。孔子认为，一个人或者一个团队在事业上有所成就的根本因素是“信以成之”（《论语·卫灵公》），即是说要以信实的姿态来经营事业。在《吕氏春秋》中，也认为“言非信则百事不满也”，“信”被视为事业完满、成功的必要条件。

再次，“信”是建立、维持社会秩序的根本。中国的先哲们一再指出，社会秩序的崩坏根源之一便是“不信”。例如在《吕氏春秋》中，这些“不信”及其潜在危害被阐述得非常清晰：“君臣不信，则百姓诽谤，社稷不宁。处官不信，则少不畏长，贵贱相轻。赏罚不信，则民易犯法，不可使令。交友不信，则离散郁怨，不能相亲。百工不信，则器械苦伪，丹漆染色不贞。”在《傅子·义信》中，诸多“不信”更是危害伦常的根源。“若君不信以御臣，臣不信以奉君，父不信以教子，子不信以事父，夫不信以遇妇，妇不信以承夫，则君臣相疑于朝，父子相疑于家，夫妇相疑于室矣。大小混然而怀奸心，上下纷然而竞相欺，人伦于是亡矣。”中国自古就极重人伦，信用对于人伦关系的维护作用可能是中国传统文化中注重“信”的根本原因。

最后，“信”是实现国家有效治理的根本。在实现国家治理的有效机制中，执政者个人的品德的“背书”作用非常重要。言而有信是统治者非常依赖的一种内在品德，即所谓“君无戏言”，否则便是授民众以“口惠”。更进一步，要做到刑赏有信，不能朝令夕改，否则民众无所适从。这就是《论语》在《子张》篇中所说的“君子信而后劳其民”的含义。“信”对于国家治理的重要意义最经典的呈现莫过于孔子与子贡的对话。当子贡向孔子“问政”时，孔子的回答颇具深意，到万不得已时，“食”与“兵”皆可去，唯独“信”不可去。在《管子·枢言》中，进一步从“天命”的角度来阐述

“信”的治国意义。即所谓“先王贵诚信，诚信者，天下之结也”。“信”具备了循天道、行人道的内涵。

2. 新时代中国的诚信伦理信用

社会主义核心价值观“富强、民主、文明、和谐、自由、平等、公正、法治、爱国、敬业、诚信、友善”中专门提到了“诚信”这个词，可以看出诚信和守信都是非常重要的。从字面意思来解读，诚信就是诚实守信，是社会主义道德建设的重点内容，诚信不仅是社会主义核心价值观的基本要素和道德取向，同时也是个人、社会和国家得以存续发展的基础。由此可见，诚信是现代社会普遍适用的基本伦理原则。诚信在现代社会是尤其必要的。可以说，随着社会和经济的快速发展，良好的道德伦理观作为经济发展背后的坚实后盾，其发挥的作用越来越明显，而这也就是坚持信用道德伦理观的一个很重要的原因。

伦理信用是人们在交往当中由一定的预先约定、契约、承诺、誓言等行为所引发的一种伦理关系。人们基于对信用伦理关系合理秩序的理解和规则的践履便形成了相应的道德品行，而这正体现了社会主义核心价值观。因为诚信不仅关乎一个国家国民的道德素质，更关乎一个民族、一个国家的整体形象和外界对这个民族、这个国家的印象和评价。习近平总书记曾提出要“深入挖掘和阐发中华优秀传统文化讲仁爱、重民本、守诚信、崇正义、尚和合、求大同的时代价值”①，为新时代背景下的中国社会信用体系建设指明了方向。

2.1.2 信用偿债能力观

信用偿债能力观是指将信用视为“一种借贷行为”，信用评估是对债务

① 习近平谈治国理政［M］. 北京：外文出版社，2014：164.

人偿债能力与偿债意愿的评估。因此，信用偿债能力观与债务发生有关。偿债能力是债务人偿还到期债务的承受能力或者是偿还到期债务的保证程度；偿债意愿是指债务人对债务偿还的主观态度。偿债能力与偿债意愿共同决定债务人的信用风险水平，此处的信用是对债务人的一种特殊经济能力的评价。

《政治经济学大辞典》（1998 年版）将信用定义为："以偿还为条件的价值运动的特殊形式。"《辞海》（1999 年版）指出信用有三种含义，其中一种含义是"以偿还为条件的价值运动的特殊形式，多产生于货币借贷和商品交易的赊销或预付之中，其主要形式包括国家信用、银行信用、商业信用和消费信用。"信用是"一个人或机构能够先行获得金钱或商品，日后再行付款的限度。在传统上限于信贷和商品交易领域，主要体现在货币的借贷和商品交易的赊销或预付两个方面，从而将金融领域狭义的"资金借贷信用"扩充到商品交易中的"产品赊购信用"。"法律上的狭义信用是指民事主体所具有的偿付债务的能力而在社会上获得的相应的信赖和评价"。

在西方国家，信用范畴相对较小，信用主要与信贷、赊购等涉及资金交易的活动有关，来源于债权人给予对方当事人的评价，是当事人特殊经济能力的表现，也是一种经济上的信赖，指的是"在得到或提供货物或服务后并不立即而是允诺在将来付给报酬的做法"，其所对应的法律制度主要是债权制度，此时的信用在法律层面主要指向"债权的发生"。因此，信用偿债能力观在西方国家是关于信用的主流观点。

2.1.3 信用信誉表现观

信用信誉表现观是指将信用视为市场主体的信誉，是市场主体在以往经济活动中积累的良好履约表现，是未来经济活动全面履约的保障，信用评估是市场主体综合经济履约能力的评估。信誉体现了市场主体经济方面的综合能力（含偿债能力），包括产品质量、价格合理性、售后服务、交货时间等交易对方关心的内容。

《现代汉语词典》将信誉解释为“信用和名誉”。《说文解字注》中“誉，称美也”。可以看出，信誉是良好的信用之意。“信誉的真实意义应为信用之美，即好的信用。”它与信用的关系是：“信誉为褒义，而信用则为中性词。”“信用包括信誉，也包括一般的信用。无论是好的信用还是一般的信用，作为客观社会评价，均概括在信用之中。”近年，有些经济学者也对“信誉”一词的概念给出了自己的定义。如李士梅认为，在市场经济的理论范畴下，信誉应该是指处于一定社会交换关系中的行为主体或当事人（可以是个人，也可以是集体或组织），在长期自我利益计算与践约能力基础上所建立的评价。

除债务信用外，价格信用和质量信用也是市场主体信誉的重要内容。市场交易中，市场主体对自身用于交易的标的价格拥有完全信息，但交往对象对其价格则拥有不完全信息。在这种交易标的价格信息不对称的条件下，要实现公平交易就必然要求交易标的价值透明。价格信用是价格制定者对商品或服务售出价格的合理性、公平性作出的承诺。而价格欺诈则违背了这种承诺，如大数据杀熟就违背了公平性的承诺。明码标价是一种价格承诺，是价格信用的范畴。价格信用对于维护市场价格秩序，保护消费者、经营者合法权益和社会公共利益具有重要作用；价格信用也是企业取得良好信誉的基础。

质量信用在市场经济当中的具体表现在于，经济交往主体对自身用于交易标的商品质量——例如真、假、好、差，拥有完全信息，但交往对象主体对此却缺乏充分的信息。因而在这种交易标的质量信息不对称条件下要达到公平交易，就必须公开交易标的质量信息、保证交易标的质量。质量信用指的就是企业履行其质量承诺的能力和程度。质量承诺指企业在其产品（服务）质量方面所承担的义务，包括相关法律法规的要求、与顾客的约定，以及企业自愿承担的其他相关义务（如宣传、产品标识等能够使消费者对产品产生合理预期的各项内容）。质量信用是企业取得良好信誉的基础。国家质量监督检验检疫总局、国家标准化管理委员会早在2009年就正式发布质量信用评价的国家标准——《企业质量信用等级划分通则》。

2.1.4 信用社会责任观

信用社会责任观是指将信用视为一种社会责任，将信用承诺的范围扩大到信用主体隐含的应承担的社会责任领域，信用评价是对其承担的社会责任的履行情况的评价。

学者王淑芹在《信用概念疏义》一文中指出，信用有两种存在类型：规则信用和承诺信用，规则信用是一定条件下的一种普遍性的约定形式，包括由这种规则引发的关联方式、守规要求及其相应的品行。一般而言，规则信用是一种集体意志或社会理性的反映，如政府的政令、法律规定、道德准则乃至特定机构的规章制度等。因此，规则信用是对法定义务的履行情况。而承诺信用是民事主体之间的自由约定义务的履行情况。基于此，罗培新教授提出，社会信用包含守法与履约，他认为信用状况是指履行法定或约定义务的状况。由于现实生活有些法律问题并不属于道德问题，如一般交通违章的闯红灯行为，与诚实守信的道德观念无关或者关系不大，门中敬教授因此建议将信用的含义扩展到社会责任而非守法与履约。信用的社会责任观将为失信人名单的建立提供更加科学合理的判断标准。

社会组织尤其是营利性企业，在环境保护、劳动保护、社会可持续等诸多领域中承担着特定的社会责任。许多学者提出，如果不将社会组织所承担的社会责任纳入社会信用的范畴，就不利于诚信社会的建立。事实上，社会组织对其利益相关者应承担经济、环境、劳动保护等方面的道德与法律责任，这是国内外学术界达成的一个基本共识。

目前，我国在产品质量法、消费者权益保护法、环境保护法、公司法等法律法规中，都有公司社会责任的直接或间接规定。例如，新修订的《公司法》第五条第 1 款明确规定了“公司从事经营活动，必须遵守法律、行政法规，遵守社会公德、商业道德，诚实守信，接受政府和社会公众的监督，承担社会责任”。根据《公司法》的上述规定，可将公司社会责任的内容解释为社会公德、商业道德、诚实守信等。从《公司法》关于社会责任的规定来看，关于社会责任的法律强制性规范主要体现在公司对雇员、债权人等利益相关者的社会责任和国有公司的特别社会责任上，例如第十七条“关于职工权益保护”的规定、第 18 条“关于工会、集体合同、民主管理等”的规定等。可见，公司法、产品质量法、消费者权益保护法、环境保护法等法律明确规定的社会责任，是公司必须履行的最低限度的社会责任。因此，将社会责任纳入社会信用认定标准，具有法律上的根据。

2.1.5 信用综合声誉观

信用综合声誉观是指将信用视为一种声誉，是信用主体在以往的经济活动和非经济活动中与外界各类主体及社会公众交往时积累的良好口碑，反映了信用主体受公众信任和认可的程度，信用评估是对信用主体遵守政府监管法规、履行各种经济合同和践行社会责任和社会道德等各方面表现情况的评估，着重评价过去的行为表现。

白永秀、徐鸿（2001）认为，公司声誉不仅包括公司的承诺是否及时履行，还包含对公益事业的参与程度、对生态环境的保护情况，以及对员工是否关心等一系列行为表现的评价。而信用是声誉的核心，直接影响着声誉建设的成败。信用可以看成是声誉的灵魂。“信用综合声誉观”与“信用信誉表现观”的区别在于声誉的范畴比信誉的范畴更广。

中文语境下的“信用”不仅包括西方国家语境下的按期偿还的“借贷交易信用”，还包括基于伦理产生的社会交往道德规范和行为准则。① 狭义的“信用”是更广义的“声誉”机制的一种②，而广义的信用与声誉机制并无实质不同。我国政府构建社会信用体系的底层逻辑在于通过建立信用的声誉机制来增强人与人之间的社会信任，缓解经济与社会中的信息不对称问题，以压缩机会主义行为空间，使政府在社会治理中不过多直接干预的前提下，借助社会主体根据交往对象的声誉或信用信息来实现各自的分散决策，从而实现社会更优治理。③

2.1.6 信用资本观

信用资本观是指将信用视为市场主体在社会经济交往中获得他人信任的基础或者是获得信任的依据或获得信任的资本。信用资本观下，信用评估是对信用资本价值的评估，即市场主体因自身信用而获得他人信任而产生的经济利益回报。

信用资本的价值是信用主体在社会关系、经济交易等活动中以自己的意愿、能力、行为获得他人信任而实现的价值。信用作为资本取得收益的来源是因为信用能获得信任，从而获得机会、形成社会关系、达成交易。

吴氏信用理论认为，信用是获得信任的资本，信用资本是有其价值的，监管者和市场通过对信用主体的信用资本价值的量化来进行社会资源的配置，同时信用资本需要社会管理。信用作为资本存在，是人类社会进步的表现，是社会经济运行方式从以物质资本为主导向以人为本转变的标志。信用资本

① 曹健．论社会信用体系建设的法治化进路——兼议宁波市社会信用立法的完善［Z］. 2022.

② Masum H，Tovey M，Zhang Y. Introduction：Building the reputation society［J］. The reputation society：How online options are reshaping the offline world，2011：xv-xxi.

③ 戴昕．理解社会信用体系建设的整体视角——法治分散、德治集中与规制强化［J］. 中外法学，2019（6）.

价值是由信用主体自己创造的，然后再由社会相关方进行评价。信用资本定价合理是资源配置公平有效的基础①。

2.2 从哲学角度看信用资本的价值

从哲学角度看，价值是人类在实践活动中有意识地追求的积极反馈，其本质是客体的属性和功能与主体需求间的一种效用关系。价值的主体性本质决定了其从根本上源自实践主体对于客体的价值评判，因此，价值的构成主要包括价值主体、实践客体、主体需求三个核心要素。

契约理论认为经济生活中的各种交易和制度都是一种契约。例如，商品买卖是一种契约、企业员工雇佣是一种契约，缴纳税款是一种契约，法律也是一种契约，甚至社会习俗、交易惯例、行规等都是一种契约。在法国大思想家卢梭所著写的《社会契约论》中，社会制度被看作是公民和政府之间的一种契约。现代社会中，人们的各项行为活动可能符合契约要求，也可能不符合契约要求。据此，可以将行为活动分为守信行为和失信行为，从而可以给相应的行为主体贴上“信用”的标签，使其成为信用主体和价值主体。

2.2.1 信用资本的价值类型

在价值的构成要素中，客体满足主体的价值需求或期望最终决定了客体相对于主体的价值类型。总体上看，信用活动在现代社会中可以满足信用主

① 吴晶妹．现代信用学（第二版）［M］．北京：中国人民大学出版社，2020；吴晶妹．人力资本与信用资本相融共建［J］．中国金融，2021（23）；吴晶妹．诚信与信用的辩证统一［J］．社会治理，2018（6）；吴晶妹，王银旭．以诚信度为基础的个人信用全面刻画初探——基于 WU's 三维信用论视角［J］．现代管理科学，2017（12）．

体以下三个方面的需求，我们可以根据这些需求对信用价值进行区分。

首先，基于成长需求的伦理价值。抽象地看，信用活动中的法人主体和非法人主体都可以被视为一个拥有独立“人格”的个体，有其自身的诞生、成长等生命周期环节，并在这些环节中，逐步实现自身“人格”的成长、成熟，最终确立了一种趋向于稳定的“个体”内在德性，以及基于内在德性的外在形象、文化、氛围等，从而实现一种“我是一个什么样的人”的人格塑造。例如，很多企业致力于在利益相关者的认知中将自身在整体上打造为“讲信用的公司”。信用活动因其与生俱来的伦理内涵，可以满足不同信用主体的这种自我成长需求，并因而具备了丰富的伦理价值。在信用的内涵中，包含了诚信（honesty）的核心意义，在所有民族的文化情境中，诚信都是一种积极的内在卓越品质。在我国的文化传统中，“信”更是被视为“五常”之一，即一种价值体系中的最核心因素。这种因素一方面是一种内生的思想理念，另一方面也表现为外在的诚信行为。这种“知”与“行”是一种相互促进的辩证关系，并最终在不断追求“知行合一”的过程中，塑造了个体的伦理状态，实现了个体的自我成长需求。

其次，基于认同需求的社会价值。从社会学的角度看，社会实践中的主体都有寻求外在认同，并在此基础上构建社会关系的需求和期望。在不同的社会活动中，如果活动主体能够充分践行信用内涵，将有助于其获得广泛的社会认同，增加其信用，并在此基础上，进一步强化和拓展其与外界的联系，从而实现了社会关系中的认同需求。信用是最好的“通行证”，一个人遵纪守法、积极履行社会责任、重信守诺，自然就能得到他人的信任，得到社会的认同。对于诸如政府机构、事业单位等拥有公权力“背书”的信用主体，这种社会认同甚至具备了一种政治价值，即通过获得广泛的社会认同实现了拥有公权力的合法性、使用公权力的公信力。因此，在社会实践活动中遵循信用原则对于信用主体来说具有丰富的社会价值。

最后，基于效益需求的经济价值。社会主体在参与社会实践过程中，普遍持有一种效益需求，即投入最少的资源和承担最低的风险实现最大的收益。如果将资源投入和风险承担概率折算为广义上的社会活动成本，那么，基于效益需求而产生的价值就可以理解为一种广义上的“经济”价值。对于不同的社会主体，这种价值内涵的侧重点有所不同。例如，对于公共部门来说，追求的是用最小的社会治理成本实现最大的社会收益；对于企业组织来说，追求的是用最小的资本投入实现最大的经济收益。在社会实践过程中，通过树立信用形象，取得对方的信任，这能够有效地提高社会活动的效率、降低社会活动的成本，并优化、强化了社会关系。在此意义上，信用起到了“润滑剂”“加固剂”的作用，降低了社会实践过程中的摩擦与冲突，有助于实现更好的实践收益。从狭义上看，信用被解读为一种契约经济信用，泛指一切按照契约设定并实施的行为，以及信用主体在这个过程中表现出的履约意愿和履约能力。在这个意义上的交易活动使得商品和服务的交换突破了时间和空间上的限制，从而形成了灵活多元的经济活动模式，放大了资本的效益空间。因此，信用对于不同信用主体来说，具有广义或狭义上的经济价值。

结合前面关于信用价值主体的论述，不同的信用主体通过实施守信行为活动，都能够实现上述三种信用价值。信用价值主体与信用价值类型之间的对应关系如表 2.1 所示。

表 2.1　　信用主体与信用价值类型的对应关系

信用主体	伦理价值	社会价值	经济价值
自然人	个体品德、人格、自我认同	社会积极评价、人际关系认可	获得更多经济资源、降低人际交往风险
企业组织	组织德性、形象、文化	市场认可度、美誉度、识别度	降低市场参与成本、提高经济活动效率
公共部门	公权力形象	公信力、合法性	降低公共管理成本和风险、提高社会治理效率

2.2.2 信用资本的价值体系

如果我们抽象地将所有信用主体理解为一个自主参与社会活动的“个体”，那么上述三种信用价值类型之间就存在一个从内在伦理价值向外在社会价值和经济价值辐射的逻辑。一方面，虽然信用具有丰富多元的内涵，但是，当我们讨论与信用相关的现象或问题时，根本的出发点依然是诚信的视角，例如，信用缺失现象最终被还原为一种“缺乏诚信基础的违背契约关系的行为”。也就是说，个体通过信用活动实现的伦理价值是进一步实现社会价值和经济价值的前提和基础。反之，一旦丧失了伦理价值，信用主体就会在整体上被冠以负面的“人格”评价，从而丧失所有的社会价值和经济价值。在政治学和社会学领域中所谓的“塔西佗陷阱”本质上就体现了伦理价值的“原点”意义。另一方面，由于信用活动总是发生在信用主体之间的各种关系情境中（例如借贷关系），因此在关系情境中的社会认同是进一步实现积极效益的基础。因此，综合来看，信用活动不同类型的价值之间的关系如图 2. 2 所示。

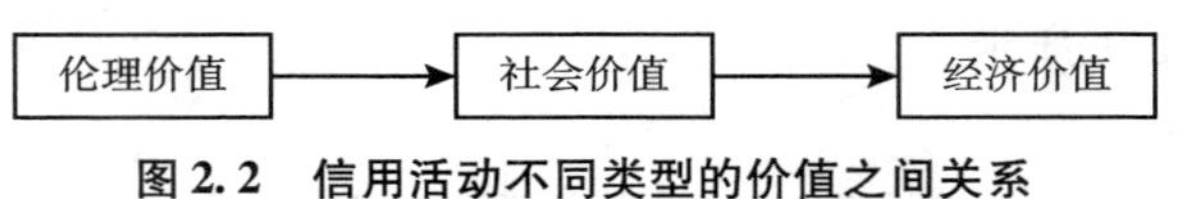

图 2. 2 信用活动不同类型的价值之间关系

更进一步地，如果我们将信用主体还原为多元的现实类型，那么，每种信用价值类型内部也存在一种从“自然人”向“组织”的辐射逻辑。组织中的自然人，尤其是领导者，通常具备信用代理人的角色，他们不仅是组织开展各项活动的决策者，也是失信的责任承担者。组织在实施活动时，也经常运用甚至依赖内部自然人的信用资源，从而获得或构建一种“嵌入式信任”。因此，在上述信用价值逻辑关系基础上，结合信用主体之间的逻辑关系，信用价值具备的关系体系如图 2. 3 所示。

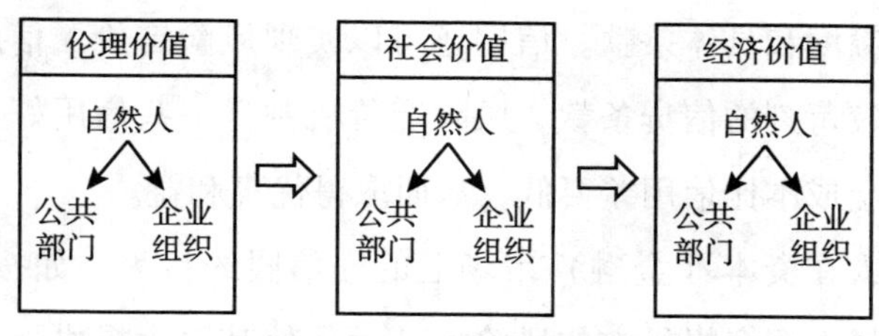

图 2.3　信用价值关系体系

2.3　信用资本的多元价值具体形式的识别

前面从理论上阐述了信用资本的价值体系，主要包括伦理价值、社会价值和经济价值。一般而言，伦理价值通常难以量化，社会价值也只能间接测度，经济价值可以采用适当方法利用货币价值进行量化。基于前面提出的多维信用观，信用资本存在多元价值（如图 2.4 所示），其中经济价值包括信用资本的融资价值、品牌价值、综合经济价值等。

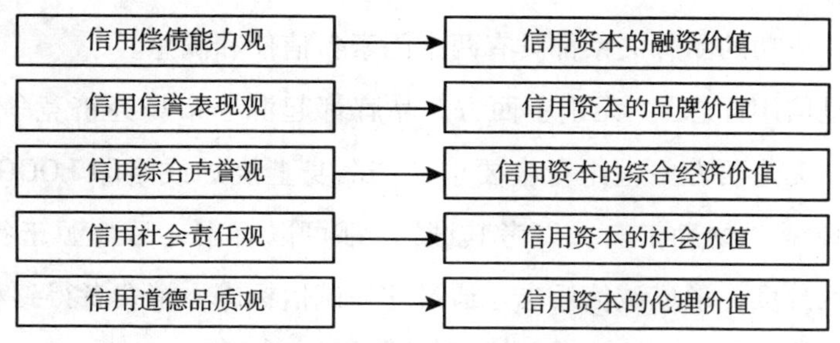

图 2.4　信用资本多元价值表现形式

2.3.1　信用资本的融资价值

基于信用偿债能力观，信用具有融资价值。信用在金融活动中最基本的功能是信贷额度审批和信贷风险定价。金融机构利用信用来决定是否授信、提供多少信用额度和具体条款。信用还可以实现风险定价，信用差的借款申请者会面临比较苛刻的信贷条款。风险定价机制让一些信用好的借款申请者获得贷款的资金成本比信用差要低，从而取得优惠利益。

企业或个人在资本（金融）市场上的守信履约行为，如按期偿还债务，会降低金融市场上资金提供方的风险，从而促使其愿意提供更多的信用额度和收取更低的利率，这就是信用的融资价值。

2.3.2 信用资本的品牌价值

基于信用信誉表现观，信用资本具有品牌价值。品牌的价值和信誉度取决于社会的评价。如果个人或企业拥有良好的信用，其社会评价会更高，这将影响其品牌价值。李新庚（2003）提到，市场主体的声誉、商誉、品牌等经济要素是可以通过信用资本的不断积累而形成的，成为重要的无形资产。孙智英（2002）认为，信用作为资本主要体现在信用的累积构成了信誉，而商家的信誉则构成了其商誉、品牌等可以转让的产权。英国品牌专家布莱克斯顿认为：成功的品牌关系都具有两个因素：信任和满意。

品牌是信用标志[①]。无论中西方，品牌都起源于市场经济竞争状态下的诚信背书。无论西方中世纪行会要求在产品身上烧灼或烙印 LOGO，还是中国西周的规制“物勒工名，以考其诚”，都可以看出，品牌源于符号生产，构建产品区分度，形成诚信标志。通过这一诚信标志，消费者得到利益承诺，商标所有者获得所有权的维护，产品生产者提供了诚信保障。因此，品牌首先是信用标志，品牌制度首先是信用制度，品牌经济也是信用经济。现代市场经济成为建立在错综复杂的信用关系之上的信用经济，企业品牌就成了错综复杂的信用关系之上的标志性符号。

---

① 胡晓云．品牌首先是信用标志［EB/OL］. http：//brand. ahonghongwang. com/show －2 －2719 －1. html.

信用是品牌的基石[①]。企业品牌和企业信用、声誉是紧密联系在一起的。企业的信用、声誉是企业品牌的基石，是企业生命的基因，它从根本上影响企业的生存和发展。信用最重要的体现是信誉，品牌是信誉主体与信任主体的关系符号[②]。企业是品牌的信誉主体，消费者是品牌的信任主体。品牌的真正生命力取决于信任主体是否能够对品牌施以信任，并达成品牌信誉建构。而“品牌是一种合同，是一种关系，是一种保证”，几乎成为品牌学界公认的品牌本质属性。

综上所述，信用是品牌形成的基础，信用也是一种品牌，所以，信用资本具有品牌价值。

2.3.3 信用资本的综合经济价值

基于信用综合声誉观，信用资本具有综合经济价值。信用资本具有多重经济价值，“融资价值”“品牌价值”是其经济价值的常见表现形式。信用资本的融资价值是企业基于良好的信用状况而从债权人那里获得的经济利益；信用资本的品牌价值是企业基于良好的信用状况而从消费者那里获得的经济利益。而企业信用资本的综合经济价值，是基于企业利益相关者视角，是企业基于良好信用状况而从企业所有的利益相关者那里获得的经济利益的总和。

詹森和麦克林（Jensen and Meckling，1976）认为，企业是各种生产要素所有者之间以及他们与顾客之间的一系列契约的集合。查克汉姆（Charkham，1992）按照相关利益群体与企业是否存在交易性合同关系，将利益相关者分为契约型利益相关者（contractual shareholders）和公众型利益相关者（community shareholders）。前者包括股东、债权人、雇员、顾客、分销商、

---

① 刘光明．企业品牌与企业信用、声誉的关系［R］．中国企业管理研究会年度报告（2006～2007），2006.

② 舒咏平．品牌即信誉主体与信任主体的关系符号［J］．品牌研究，2016（1）：20－25.

供应商等；后者包括消费者、监管者、政府、媒体、社区等。企业对利益相关者的履约守信可以减少市场主体之间信息不对称程度，降低交易成本，向市场传递守约信号，提升企业信用状况，形成企业信用企业对利益相关者的履约守信可以减少市场主体之间信息不对称程度，降低交易成本，向市场传递守约信号，提升企业信用状况，形成企业信用声誉并给企业带来各种经济利益，这些经济利益总和称为信用资本的综合经济价值。利益相关者与企业信用资本的综合经济价值形成关系如图 2.5 所示。

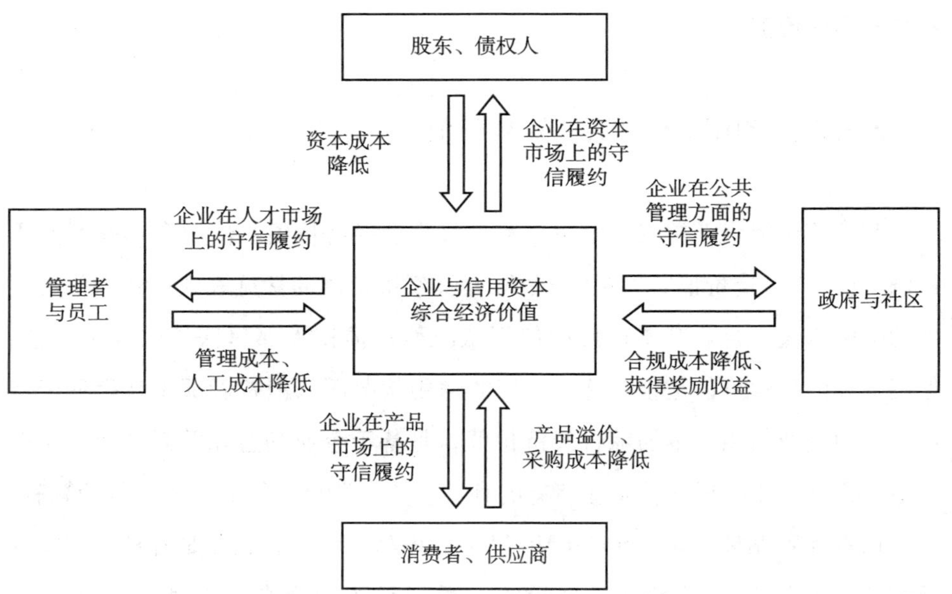

图 2.5　利益相关者与企业信用资本综合经济价值形成关系

企业信用资本并不能直接实现价值创造，它的所有效应都是通过对利益相关者产生影响后发生的。（1）企业在资本（金融）市场上的守信履约行为，如按期偿还债务、股利分配政策符合约定，没有侵害股东和债权人利益的行为，这种守信履约会降低企业资金提供方的风险，从而降低了企业资本成本，这将形成企业信用资本价值。（2）企业在产品市场上的守信履约行为，如产品质量合格、价格公道、不拖欠供应商货款等，这种守信履约会降低供应链上企业上下游的物流、价值流中断风险，从而扩大了企业销售、降低了采购成本，这将形成企业信用资本价值。（3）企业在人才市场上的守信履约行为，如不拖欠工资、按约定为员工提供必要的福利保障、不违规辞退员工等。这种守信履约会降低企业人才流失、缓解招聘培养员工困难、高管的道德风险和逆向选择风险，从而降低了企业管理成本、人工成本，这将形成企业信用资本价值。（4）企业在政府、社区的公共管理领域的守信履约行为，如依法纳税、遵守环境保护政策等，这种守信履约会降低企业的合规成本，政府和社区将对守信企业进行信用的奖励和对失信企业进行信用惩戒，这也将形成企业信用资本价值。这些企业利益相关者给企业带来的上述经济利益之和就是企业信用资本的综合经济价值。

2.3.4 信用资本的社会价值

基于信用社会责任观，信用资本具有社会价值。社会价值是个体通过自身和自我实践活动满足社会或他人物质的、精神的需要所作出的贡献和承担的责任。

无论是企业守信还是个人守信，除了给信用主体直接带来经济价值外（如前面讲到的融资价值、品牌价值），还能间接对社会产生贡献，带来正的外部性，具有重要的社会价值。概括而言，信用资本的社会价值主要体现在经济建设、政治建设、文化建设、社会建设、生态建设五方面①。

目前，国内开展的企业公共信用综合评价和居民个人信用积分就是利用了法律法规、政府规章、合同契约、社会责任、道德文化作为守信与失信记

① 详见本书第 5 章 5.1 "信用的社会价值"。

录的判定准则，具有全社会共识的价值准则。企业公共信用综合评价得分和居民个人信用积分的高低，可以反映企业或个人遵纪守法、社会责任履行、道德规范遵循的情况，反映企业或个人对社会的影响，可以看成是对信用资本的社会价值的一种测度。

2.3.5 信用资本的伦理价值

基于信用道德品质观，信用具有伦理价值。根据社会主体的不同，信用的伦理价值也有不同的体现。对于自然人来说，“信用是立身之本。”“信”作为“五常”之一，是做人最基本的道德准则，是个人建立社会关系、获得社会认同的基本素质；对于企业法人来说，信用是虚拟人格中的核心要素，是企业参与市场竞争、建立竞争优势的伦理基础；对于政府机构来说，信用是社会治理合法性的道义根基和制度基础；对于主权国家来说，信用是建立国际形象、参与国际事务的“人格”底线。

可见，信用的伦理价值在根本上体现为对社会主体内在道德品质的塑造，并在外在行为中表现出讲诚信、可信任、重信誉的人格特征。

第2篇　信用资本的价值如何评估量化

站在宏观国家或地区的角度，信用资本的量化有助于了解国家或地区信用资本的变化以及地区信用资本的差异。目前国内衡量宏观信用资本的数据主要有中国管理科学研究院编制的“城市商业信用环境指数”和全国城市信用状况监测平台发布的“全国城市信用综合指数”。鉴于这两类信用指数已能够较好地反映城市宏观信用资本情况，本书侧重微观信用主体的信用资本量化测度。

站在微观信用主体的角度，信用本身具有价值，但目前却缺乏量化测度。没有量化，就难以管理。信用资本的多元价值评估测度，是指对信用给信用主体所带来的各种利益大小的量化估算。通过对信用资本多元价值的量化评估，直观地显示信用的价值大小，使得信用主体能够清楚地看到守信和失信行为给自身带来的价值影响，这对促进信用主体的守信，以及相关主体的行为决策具有重要现实意义。同时，信用资本价值的量化技术也有助于学术界对市场主体的信用行为开展进一步研究，将为社会信任的量化研究提供新的技术思路，这对构建信用资本理论具有重要的学术价值。本篇将对信用资本的多元价值分别建模、分别进行评估测度，内容包括第3章到第5章。

|第 3 章|

信用资本的"融资价值"评估测度

信用是现代金融体系的核心因素，基于借款人信用的贷款是经济活动快速扩张的重要助推力量。信用贷款是通过评估借款人信用资本的高低而决定是否给予贷款、给予多少贷款的一种金融服务。为了量化信用资本给信用主体带来的融资利益，使各类信用主体能够清楚地了解信用带来的融资价值，直观感受到守信或失信对其自身能够从金融市场获得信贷资源多少的具体影响，从而促进各类市场主体自觉主动守信、维护提高自身信用资本的融资价值。信用资本的"融资价值"大小也是金融资源配置的重要依据。本章将进行信用资本融资价值的评估测度研究，并基于上市公司、中小企业、个人这三类主体的不同特点，分别构建相应的信用资本融资价值评估测度模型。

3.1 融资价值衡量指标：信用额度

中国作为新兴市场国家，股票市场尚不发达，债务融资是企业获取外部资金的最主要方式，而债务融资最主要的渠道是来自金融机构的贷款。根据信用偿债能力观，信用资本越高，其履行偿债义务的能力越强，从而获得的信用贷款越多。因此，拥有较高信用资本，债务融资能力越强，能给信用主体带来的融资价值越大。选择信用额度作为信用资本融资价值的衡量指标，是因为信用额度可以使用货币符号表示，度量单位固定，便于理解信用带来的融资利益，它既可以用于不同信用状况的信用主体之间债务融资能力大小的对比，也可以用于同一主体在守信或失信前后的债务融资能力的变化比较。

3.1.1 信用额度的含义

信用额度即信用限额，是指商业银行为其客户授予的，一个存在最大限度金额的信用贷款数额，也就是在规定的一段时间内，受信主体可以随意循环使用的最大限度信用贷款金额。站在商业银行角度，信用额度又称为授信额度。

信用额度在目前的发展环境下，已不仅指信用卡额度，其更多的意义是根据信用主体的信用状况可以从金融机构获得多少可利用的信贷资源，可以获得多少信贷服务，反映的是信用主体的债务融资能力。信用额度是信用好坏的标尺，额度越高表示信用越好，给信用主体带来的利益越大，说明信用资本越高。

3.1.2 信用风险和信用额度的评估

金融机构是否授信以及授信多少是建立在对借款人信用风险评估的基础

之上，信用风险的评估结果直接影响金融机构能够给予的信用额度。信用额度评估与信用风险评估直接相关，以下对信用风险评估方法和信用额度评估方法分别进行梳理。

1. 信用风险评估

信用风险评估实质是一个分类问题，即金融机构根据客户的各项信息数据对客户将来的违约情况进行分类，同时，信用风险评估也是一个预测问题。信用风险评估方法经历了从传统信用评估方法到数学模型方法，再到基于金融理论的现代风险评估模型的不断发展完善的过程。①②

（1）传统信用评估方法。

传统的信用评估方法主要有信用评分法和专家判断法，是基于个人经验的评估方法。信用评分法首先确定评价指标并对指标赋予权重，然后与事先确定的基本值进行比较打分确定指标值，最后获得申请人加权信用评分，确定信用级别。专家判断法是指通过专家投票表决确定信用等级的方法，它基于多人经验判断，以避免个人评估的经验不足、标准前后不一致问题。目前专家判断法分为财务状况分析和信用要素分析两种。财务状况分析有比率、比较、趋势、因素分析法等；信用要素分析中以“5P”“5W”“5C”要素分析法为主。

（2）信用评估的分类模型③。

随着信息的积累、信息技术发展以及数学方法的应用，信用评估的分类方法不断发展起来。国外关于信用评估模型方法的研究始于20世纪50年代，这些评估方法大致可以分为统计和非统计方法两类。其中基于决策论的判别分析法、回归分析法等是常用的统计方法，非参数统计方法常用的有分类树

① 邓超，胡威，唐莹．国内外小企业信用评分研究动态［J］．国际金融研究，2010（10）．

② 管七海，冯宗宪．信用违约概率测度研究文献综述与比较［J］．世界经济，2004（11）．

③ 刘来珍．小微贷授信额度测算研究［D］．上海：上海交通大学，2015．

法等。非统计方法包括基于运筹学的线性规划法、整数规划法、神经网络法、遗传算法、专家系统法及支持向量法等。

①判别分析法。判别分析法首先根据已知信息如违约、非违约将企业分为若干个总体样本，然后对这些样本进行学习，从中找出一个判别函数，用于判别任意已观察的向量属于哪个总体，在所测量的指标变量上是否有显著差异。基于费舍尔（Fisher，1936）提出的判别分析法，大卫·杜兰德（David Durand，1941）将判别分析法用于区分贷款的风险水平。1968 年阿特曼（Altman）对美国制造业公司进行了大量的实例研究，利用逐步多元判别分析法，筛选出 5 个财务比率指标，建立了著名的 5 变量 Z-Score 信用评估模型。1977 年，他将 Z-score 与定量描述分析（QDA）结合，建立了商业化的 ZETA 信用风险模型。Z-Score 模型有较强的操作性、适用性和预测能力，广泛应用于当代企业违约或破产的预测。

②回归分析法。利用多元回归模型来判别企业违约的有霍里根（Horrigan，1966）、波格和索德夫斯基（Pogue and Soldofsky，1969）及韦斯特（West，1970）等的研究。霍里根（1966）最早使用多元回归模型对穆迪（Moody's）与标准普尔（S&P's）的测试样本进行评估，提出了信用等级的预测模型。根据其研究，正确率 Moody's 为 58%，S&P's 为 52%。相对之前的研究，预测准确率不是很高，但其对信用等级进行了多达 9 个等级的划分，保持其他条件不变，预测准确率会自然下降。为避免分级过多造成预测正确率下降，波格和索德夫斯基（1969）使用 0 或 1 的二元因变量回归模式（线性概率模型），对 1961 ~ 1964 年 Moody's 评级的公司债做了研究，结果对于投资组和投机组的预测准确率达 80%。早期的回归分析模型需要满足严格的统计假设条件，模型适用性差，后来的学者提出了许多新的违约率的统计方法，主要包含 Logistic 回归（Logistic Regression）和 Probit 回归（Probit Regression）。Logistic 回归是对线性回归模型的因变量变形为 0 和 1 二值进行回归，不要求样本服从正态分布。奥尔森（Ohlson）首先将 Logistic 回归应用于信贷评估，

马达拉（Madalla）随后也采用该方法对区分违约与非违约贷款申请人进行了实证研究。Probit 模型原理和 Logistic 回归相同，不同之处是将后者的似然比对数函数改变为正态分布函数的反函数。

③非参数统计方法。近年来，非参数统计方法快速发展。非参数分析（Non-parametric Method）放松了参数统计方法中的正态假设前提。目前，非参数分析在信用评估中的应用主要包含两大类：k 近邻判别（k-Nearest Neighbor）和聚类分析（Cluster Analysis）。1996 年亨利和汉德（Henley and Hand）对 K 近邻法，尤其是 K 近邻的定义和数目选择作了深入的研究。塔姆等（Tam et al.）用该方法研究信用风险分析，取马氏距离对样本分类，但分类效果不理想。K 近邻判别法适用于总体分布约束很少的情况，当数据维数较高时存在“维数祸根”的问题。伦迪（Lundy）对聚类分析方法应用于信贷评估进行了研究。聚类分析方法能够像多变量模型那样处理信息量大的数据，同时也具有单变量模型简洁的优点，缺点在于控制较为复杂。分类树（Classification Trees，CT）是一种非参数识别技术。1985 年马科夫斯基（Makowski）第一次使用分类树方法，对个人信用评估进行了研究。

④数学规划法。基于运筹学的数学规划法是一种在约束条件下求解目标函数的最值的方法，包括线性规划法和整数规划法。1965 年，曼加萨里安（Mangasarian）首先认识到分类问题中可以应用线性规划方法，但是直到 1981 年，弗里德和格洛弗（Freed and Glover）才使用这种方法进行了信贷评估研究。道姆珀斯等（Doumpos et al.，2002）在希腊商业银行的贷款组合公司样本中应用了多标准等级判别模型（M. H. DIS），同时对比研究了一些传统的信用风险评估方法，证实了数学规划法是一种有效的信用风险估计方法。

⑤人工智能模型。20 世纪 70 年代以后，随着计算机科学技术的快速发展，信用评分技术有了突破性的进展。20 世纪 80 年代，神经网络模型开始在信用评分领域大规模推广应用，同时遗传算法和遗传规划也取得了一定进展。神经网络（neural networks，NN）可分为不同的网络类型，该方法具有

自组织、自适应、自学习的特点。罗森伯格和格莱特（Rosenberg and Gleit，2007）研究了如何将神经网络应用于公司信用决策和防范欺诈等领域。里普利（Ripley，2006）对神经网络及其相关分类方法进行了研究。波迪希（Poddig）提出将扩展的学习向量量化器应用于信用评估研究。皮拉穆图（Piramuthu）比较研究了 MPL 神经网络与模糊神经网络。Security Pacific Bank（SPB）将神经网络智能系统应用于小额商业贷款的信用评估。美国密歇根大学霍兰地（Holland）教授于 1975 年正式提出遗传算法（Genetic Algorithms），它是一种随机搜索优化算法，福格地和艾尔森（Fogarty and Ireson，2009）最先在信用评分中使用了此种方法。人工智能模型能有效解决非线性非正态分布的信用评估问题，扩大了其适用范围，但同时也存在模型解释能力较弱，是"黑箱"操作，具有较强的工作随机性，限制模型使用的问题。

（3）现代高级风险评估模型。

金融界对违约率的研究推动了现代信用风险评估模型的发展。针对企业违约概率数值如何测算问题的研究，国际知名金融机构推出了多种高级信用风险模型。Credit Metrics、KMV、Credit Risk Plus、Credit Portfolio View 四个模型是目前国际上最具代表性的金融机构内部模型。前两者主要从微观角度考察，而后两者主要从宏观角度考察。这四种模型代表了现代信用风险度量模型，虽然各有优劣，但与传统信用模型相比较，已经不再是简单的经验主义了，它们在一定程度上顺应了市场环境新的发展变化。但由于模型是基于资本市场信息的，因而使用范围有较大的局限性。

①Credit Metrics 模型。Credit Metrics 模型是摩根大通与德意志摩根建富、美国银行、瑞士银行等多家金融机构合作研究，于 1997 年推出的度量金融资产组合价值和信用风险的模型。Credit Metrics 模型能对一些非上市流通资产进行信用风险度量，弥补了 KMV 模型只适用于有公开交易数据的上市企业的不足。该模型可以估算任何组合资产在信用等级变动影响下的价值分布。与 Credit Risk Plus 模型仅估计违约引起的损失概率分布不同，该模型认为资产

组合价值不仅受到资产直接违约的影响，还与资产信用变迁的间接影响密切相关。Credit Metrics 模型的估计步骤：第一步，基于内部或者外部信用评级转移矩阵来获得信用等级的迁移概率。第二步，获取不同信用评级下远期零息收益率曲线，即风险溢差，计算风险溢价变化及对应的概率。第三步，根据远期零息收益率曲线，计算对应信用等级下的资产现值。当信用等级上升时资产价值上升，当信用等级下降时资产价值下降。第四步，根据信用等级迁移概率以及对应信用等级下的资产现值，获得资产价值分布。第五步，根据资产价值分布计算信用风险 VaR。Credit Metrics 模型本质上是一个 VaR 模型，在一定的置信水平下和特定的持有期内通过计算信用资产组合可能发生的最大损失来衡量信用风险大小。

②KMV 模型。KMV 模型于 1993 年被研发出来，是预测企业违约风险的信用风险度量模型。该模型因比国际三大著名评级机构提前半年预测出安然公司有破产倒闭风险而一举成名，KMV 公司在 2002 年被穆迪收购。KMV 模型是在期权定价理论基础上建立的。1973 年，费希尔·布莱克和迈伦·舒尔斯（Fisher Black and Myron Scholes）在《期权与公司债务定价》中提出了著名的布莱克－舒尔斯期权定价公式。随后，莫顿（Merton）独立地提出了一个相似却更为一般化的模型，莫顿模型把公司举债经营看作股东向债权人买入选择权，公司股权价值类似于一份以资产价值为标的资产、以债务面值为执行价格和债务到期日为期权到期时间的欧式看涨期权。当负债到期时，若企业资产的市场价值下降到负债的账面价值以下，即标的资产价格低于执行价格时，股东会放弃行权，此时股东因无力偿还负债会选择对它的债务违约；反之，当企业未来的资产价值高于到期背负的债务时，股东会履行买权，即股东会选择在约定期限内还款。KMV 模型认为信用风险产生的动因是发行者资产价值的变化，它主要采用股票价格数据，通过对上市公司股价波动的分析来推测股权公开交易上市公司违约发生的可能性。该模型首先估计出公司资产价值和资产价值波动率，然后根据资产价值和违约点之间的距离计算出

公司的违约间距 DD，最后配合其信用风险资料库可求得不同违约间距下所对应的经验违约概率。

③Credit Risk Plus 模型。1997 年，瑞士信贷（Credit Suisse First Boston）根据火险财险精算原理开发出一个用来计算债券、贷款组合损失分布的 Credit Risk Plus 模型。该模型只考虑违约与不违约两种情况，不考虑风险成因和债务信用等级的变动状况，且假定每笔贷款发生违约是随机事件，单笔贷款违约概率非常小并且各贷款之间相互独立，所以违约概率服从泊松分布。Credit Risk Plus 模型适合于由小笔贷款组成的贷款组合，其计算过程分为四步：第一步，划分风险敞口的频段（把违约事件个数分布转换为违约损失分布），使用加权平均法将贷款笔数均匀地归类到各个频带。第二步，计算各笔贷款在所属频段级别的期望损失和违约概率。第三步，计算贷款总组合的损失分布和违约概率。第四步，在一定的置信水平下，计算出贷款组合的最大损失即 VaR，最大损失减去预期损失即可得组合的非预期损失。经济资本是商业银行用来准备非预期损失的资本金，所以该模型可以帮助商业银行计量经济资本的大小。

④Credit Portfolio View 模型。Credit Portfolio View 模型于 1998 年由麦肯锡公司创立。它是从宏观经济的角度来衡量信用风险，认为经济增长率、汇率、利率、失业率、总储蓄率、外汇水平、政府支出等宏观经济指标对违约概率和信用等级转移概率产生重要影响，信用周期与经济周期息息相关，当经济发展处于衰退下坡阶段时，信用违约事件发生的概率增加；当经济良好健康运行处于繁荣上升周期时，各信用主体违约和信用降级事件会大幅减少。作为多因子模型，Credit Portfolio View 模型利用计量经济学原理内容，通过线性回归模型将多个宏观经济变量拟合成宏观经济指数，再通过 Logit 模型分析宏观经济指数对转移概率和违约概率的影响。该模型充分考虑了全球经济、国家宏观经济、行业发展在企业信用状况中的作用，把宏观影响因素纳入信用风险的评估中，克服了 Credit Metrics 模型不同时期信用等级转移矩阵固定不

变的缺点，有助于动态地反映信用风险变化的情况。但该模型的应用需要大量的国家和行业的长期数据，实践中数据获取较为困难，不利于模型的实现。

2. 信用额度评估

给予借款人多少金额的放款，是金融机构授信决策的主要内容。构建信用额度的测算模型是准确确定授信额度、加快授信审批流程、缩短审批时间的有效手段。

在信用额度评估模型方法方面，国外文献较少。杰里米·泰勒（Jeremy Taylor，2002）认为银行对经济资本的配置相当于是商业银行面向所有客户分配信用总额，故而信用额度的大小可以根据经济资本配置理论来确定，并通过风险度量技术进行压力测试，验证已确定的信用额度的准确性。阿加瓦尔等（Agarwal et al.，2004）对712户非上市公司进行的研究表明，银行授予客户的信用额度与企业的成长性和稳定性正相关。莱普波尔迪（Leippoldy，2006）基于博弈理论，并结合银行成本和收益相匹配原则，分别信息对称与信息不对称两种情况提出了商业银行信用额度的测算方法。斯坦豪斯、施瓦茨科普夫和英格拉姆（Stanhouse，Schwarzkopf and Ingram，2011）从客户资金需求量考虑，假设其资金需求服从布朗运动，构建了银行信用额度测算模型。

1999年，中国建设银行颁布的《中国建设银行信贷客户评价暂行办法》规定，其对客户授信额度的计算公式为：$CL = E \times K \times V - D$，其中$E$为除易损耗资产外的客户净资产，即客户目前的有限净资产，K为目标杠杆率比，按不同行业进行设置，V为客户信用等级所对应的调节系数，D为目前客户的全部负债扣除客户对本行的负债。

国内研究者从多种角度构建了授信额度的测算模型，以辅助银行业务人员进行决策，加快企业的授信审批流程，缩短审批时间。于鹏（2000）认为银行的授信额度是基于营运资本计算出来的，主要应以客户的最大承债能力为最大限额。原玎（2004）认为确定金融机构客户的授信额度时有以下几种方法：①固定额度法，即对处于同一信用等级的金融机构给予同一金额的授信额度；②固定比例法，即对处于同一信用等级的金融机构给予同一固定比例的授信额度，且授信额度直接与其净资产有关；③违约概率法，即商业银行根据行内政策或风险偏好，对处于不同信用等级的金融机构客户，按照它所对应的违约概率和违约损失率，综合确定其授信额度。卢唐来（2006）认为中小企业信用额度评估模型可以为：$CL = E \times K - D$，其中 K 为财务杠杆比率，E 为净资产，D 为企业在其他金融机构的负债。

程功、张维等（2006）基于信用等级结果，通过非线性回归模型，构建了商业银行授信额度测算模型。何自力（2007）认为事先确定信用等级存在影响因素多重共线性的缺陷，于是从共生理论这一较新的视角审视授信额度的测算模型。刘振华、谢赤（2012）从最大化商业银行的风险调整资本收益（RAROC）出发，构建了授信额度确定模型，并运用沪深两市上市商业银行以及其他上市公司 2010 年的相关数据对上述模型进行检验。陈林、周宗放（2016）认为使用遗传算法等最优化求解方法，能够得到对成员企业授信额度的优化配置方案，从而有助于商业银行积极主动地防范集团客户的信贷风险。

姚适（2017）认为，商业银行通常运用的 $CL = L + 1/3 \times (K \times V - P) \times E$（其中，$L$ 为商业银行对该客户的贷款余额，K 为行业调节系数，V 为客户所对应的信用等级调节系数，P 为财务杠杆系数，E 为有效净资产）公式中，各调节系数设置较为随意，该公式无法科学地确定客户的信用等级。夏华（2018）将企业按规模进行划分，对大中型企业、小微型企业分别建立了授信额度测算模型。赵梦（2019）将 RAROC 引入模型，以 DZ 银行为研究对象，推导出 DZ 银行 RAROC 授信额度测算模型，并给出 DZ 银行 RAROC 授信额度测算模型的应用建议。李迪（2019）通过商业银行针对中小企业信贷产品和使用情况分析，从多个维度（包括担保方式、授信方式、审批通过案例，未审批通过和出现风险案例等方面）进行研究，建立了中小企业信贷风险模型（贷前风险模型），包括等级模型和额度模型。其中额度模型为：公司申请授信金额≤[公司上一年的销售收入×(1+公司前三年的平均销售增长率)]/[360/(存货周转天数+应收账款周转天数-应付账款周转天数+预付账款周转天数-预收账款周转天数)]-公司现有贷款余额。

周浩良（2019）构建了基于数据挖掘的中小企业授信额度决策模型，研究抽取中小企业授信审批的80多个样本，建立基于粒子群优化的神经网络模型，并进行中小企业授信额度的计算，结果表明，数据挖掘能够改进授信决策模型的精准度，有效地辅助银行业务审批人员进行贷款授信额度的确定，从而实现更为精准的额度测算。

上述研究在信用额度决策中具有一定贡献，但是仍存在一些不足。一方面，当前许多研究在设计信用额度模型时，并没有考虑到企业规模大小带来的差异，如上市公司和非上市公司、大型企业和中小企业。现有信用额度模型缺少针对性，例如上市公司信息较公开，股票价格具有反映企业信用状况变化的功能；而中小企业销售规模普遍较小、有效净资产不足、财务数据欠规范等。另一方面，近年来大数据征信发展较快，大数据为企业信用额度评估提供了重要信息来源。

3.2 上市公司信用资本的“融资价值”评估

3.2.1 企业信用额度评估模型

1. KMV 信用风险评估模型简介

KMV 模型是用来预测企业违约风险的信用风险度量模型。该模型因比国际三大著名评级机构提前半年预测出安然公司有破产倒闭风险而一举成名。KMV 模型的基本思路是通过企业自身的财务特征和市场股价表现，来推导预期违约率。通过这些财务数据来计算企业的违约率，不仅反映了单个企业的具体风险特征，而且进一步加以运用可以转换为对该企业的评级。

Black-Scholes 期权定价模型如下：

$$C = SN(d_1) - Xe^{-rt}N(d_2) \tag{3.1}$$

其中，

$$d_1 = \frac{\ln\left(\frac{S}{X}\right) + \left(r + \frac{\sigma^2}{2}\right)T}{\sigma\sqrt{T}} \tag{3.2}$$

$$d_2 = d_1 - \sigma\sqrt{T} \tag{3.3}$$

N 是标准正态分布的累计分布函数，σ 为标的资产对数收益率的变化率。C 是权利金价格，S 是当前标的资产价格，X 是期权执行价格，r 是无风险利率，t 是期权到期时间。

KMV 模型正是借鉴上述期权定价模型发展而来。根据期权定价模型，以下关系成立：

$$V_E = V_A N(d_1) - De^{-rt}N(d_2) \tag{3.4}$$

对于式（3.4），求导求数学期望，可以推出公司资产收益率的波动率 σ_A 和股权收益率的波动率 σ_E 满足如下关系：

$$\sigma_E = \frac{N(d_1)V_A\sigma_A}{V_E} \tag{3.5}$$

其中，

$$N(d) = \int_{-\infty}^{d} \frac{1}{\sqrt{2\pi}} e^{\frac{-x^2}{2}} dx \tag{3.6}$$

$$d_1 = \frac{\ln\left(\frac{V_A}{D}\right) + \left(r + \frac{1}{2}\sigma_A^2\right)t}{\sigma_A\sqrt{t}} \tag{3.7}$$

$$d_2 = d_1 - \sigma_A \sqrt{t} \tag{3.8}$$

在 KMV 模型中，V_E 为当期的股权价值；V_A 为资产价值；σ_E 为股权收益率的波动率；σ_A 为资产收益率的波动率；D 为负债的账面价值；t 为债务期限，通常假设 t 为 1 年；r 是无风险利率，通常为国债利率；$N(\cdot)$ 是标准正态分布累积分布函数。

式（3.4）和式（3.5）都是 V_A 和 σ_A 的函数，因此联立两个式子，组成一个二元方程组，最终可以求解出 V_A 和 σ_A。

理论上，当企业资不抵债时，企业会违约。但实际上，债务总额中的短期负债对企业的还款压力更大，往往企业还未到需全部还款时就已经发生违约了，因为长短债务的比重对企业是否违约具有重要影响。通过观察多个实践样本，KMV 模型发现当企业资产价值处于总负债和短期负债之间某一点时，企业会违约的规律。因此把这个点称为违约触发点 DPT（default point），并有以下公式：

$$DPT = \begin{cases} STD + 0.5LTD & \text{如果 } LTD/STD < 1.5 \\ 0.7 \times (STD + LTD) & \text{其他} \end{cases} \tag{3.9}$$

KMV 模型使用违约距离 DD（distance to default）来计算企业违约的概率。违约距离是指预期的企业资产价值和违约触发点之间的标准差距离。

$$DD = \frac{\text{预期企业资产价值} - \text{违约点}}{\text{当前企业资产价值} \times \text{资产收益率的波动率}} = \frac{E[V_A'] - DPT}{V_A \times \sigma_A} \tag{3.10}$$

预期资产价值 $E[V_A'] = E[V_A(1+r)]$，其中 r 为公司资产的年收益率，是随机变量。

因此，违约距离可以理解为，以一年后企业资产价值的标准差的倍数来衡量在一年后企业资产的期望价值 $E[V_A']$ 与违约点 DPT 之间的差值。差值越大企业资产的期望违约概率越小，反之则相反。

最后求未来企业资产的期望价值小于违约触发点的概率，即理论预期违约率 EDF（expected default frequency）：

$$EDF = P\{V_A' \leqslant DPT\} = P\left\{\left(\frac{V_A' - E[V_A']}{V_A\sigma_A}\right) \leqslant \left(\frac{DPT - E[V_A']}{V_A\sigma_A}\right)\right\}$$
$$= P\{X \leqslant -DD\} = N(-DD) \tag{3.11}$$

计算 EDF 的过程相当于将正态分布的随机变量 V_A'转化为标准正态分布，然后查正态分布表可得出概率大小，这个概率就是信用风险违约概率。

2. 基于 KMV 模型变形推导的信用额度评估模型

KMV 模型将企业债务总额区分为长期债务 LTD 和短期债务 STD。然而，在测算企业的信用额度时，实质上是金融机构在确定一段时间内企业可以循环使用的最大限度内信用贷款金额，因此，并没有区分是长期负债还是短期负债，只需要计算企业理论上最高总负债限额，这个总负债限额是金融机构能够给予企业的信用贷款总额，也就是我们所求的信用额度。

根据 BSM 模型，可以得到以下三个公式：

$$V_E = V_A \times N(d_1) - Xe^{-rt}N(d_2) \tag{3.12}$$

$$\sigma_E = N(d_1) \times \frac{V_A}{V_E} \times \sigma_A \tag{3.13}$$

$$EDF = p_t = \Phi\left(-\frac{\log\frac{V_A}{V_E} + \left(\mu_A - \frac{1}{2}\sigma_A^2\right)t}{\sigma_A\sqrt{t}}\right) = \Phi(-d_2) = 1 - \Phi(d_2) \tag{3.14}$$

其中，

$$d_1 = \frac{\ln\left(\frac{V_A}{X}\right) + \left(r + \frac{1}{2}\sigma_A^2\right)t}{\sigma_A\sqrt{t}} \tag{3.15}$$

$$d_2 = d_1 - \sigma_A\sqrt{t} \tag{3.16}$$

其中，$N(\cdot)$ 是标准正态分布，X 是我们所求的信用额度，EDF 是可接受的违约概率，这里可以设置为前置条件，当 EDF 是既定时，d_2 也是已知的。V_E 和 σ_E 可以基于证券交易信息计算出来。r 是无风险利率，可以使用国债利率或银行同业拆借利率的值，t 是债务期限。

将上述公式经过变形推导，可得方程组：

$$y_1 = V_A \times N(d_1) - Xe^{-rt}N(d_2) - V_E = 0 \tag{3.17}$$

$$y_2 = N(d_1) \times \frac{V_A}{V_E} \times \sigma_A - \sigma_E = 0 \tag{3.18}$$

$$y_3 = \Phi(-d_2) - EDF = 0 \tag{3.19}$$

$$y_4 = \frac{\ln\left(\frac{V_A}{X}\right) + \left(r + \frac{1}{2}\sigma_A^2\right)t}{\sigma_A \sqrt{t}} - d_1 = 0 \tag{3.20}$$

$$y_5 = d_1 - \sigma_A \sqrt{t} - d_2 = 0 \tag{3.21}$$

联立式（3.17）至式（3.21），理论上可以得出信用额度 X 的值。基于模型表达式的复杂性，直接计算比较困难，可以利用 EXCEL 工具或其他计算工具编程出上述公式，并进行非线性规划求解或迭代求解，最终可以求出 X、V_E、σ_E。其中，X 是计算出来的在给定前置违约概率条件下企业最大的信用额度。

上述基于 KMV 模型变形推导的信用资本信用额度模型，选用的数据来自资本市场的股票交易数据，股票价格的波动受企业自身状况以及投资者多方面因素的影响，企业合规经营、积极履行社会责任，其在社会上的信用度就会较高，投资者对企业就抱有信心，股票稳定上涨可能性较大，从而评估出来的信用额度就会较大；企业经营管理不善，违法违规，失信于股民，股票下跌可能性就较大，从而评估出来的信用额度就较低。因而，企业股价的波动包含了企业信用的变动，利用上述基于 KMV 模型变形推导的信用额度模型，就能够较好地测算出企业信用资本的融资价值。

3.2.2 企业信用额度评估案例

本章从 A 股市场上选取一家民营上市公司，基于公司数据隐私原因，该上市公司取名为 A 公司。

A 公司是我国最早从事基因工程药品和诊断试剂的研究、生产和销售的高新技术型企业，公司成立于 1988 年，并于 2001 年在 A 股上市，至今已有 20 多年。A 公司积极引进优秀人才和先进技术，并注重研发投入，在国内市场保持了长期的领先地位。公司有四个主要生物制药产品，是目前中国拥有生物制药品种最多的企业之一。

A 公司曾因财务数据造假、虚增营销额，粉饰收入、违规披露等不良事件被曝光，一度导致其股价下跌严重，进而导致信用价值严重下降，多家银行纷纷调低对其授信额度，甚至投资人也要求公司赔偿。面对这些状况，A 公司采取了正确的应对措施并保持稳健的经营，逐渐消除了负面影响，重新回到发展正轨。

选择 A 公司作分析案例，其一是考虑到它是一家民营企业；其二是成功在 A 股上市多年，其间公司发生了违规失信事件，这些事件在股价上均有所反映，比较典型；其三是数据记录相对完整真实，可以为案例分析提供需要的数据。考虑到样本数据的时效性，本章选择 A 公司发生违规失信事件前一年内相关数据进行计量，目的是计算 A 公司未受违规失信事件影响的信用额度；并选取 A 公司 2019 年发生违规失信事件后一年内相关数据进行计量，目的是计算 A 公司发生违规失信事件后的信用额度，通过评估违规失信事件发生前后信用额度的差异，来说明公司信用资本高低对其信用额度的影响。这里以 A 公司 2019 年发生违规失信事件后的情况举例说明评估过程，将从以下步骤去进行计算。对于上市公司，企业股权价值和股权收益率的波动率可以从股票交易市场公开交易价格获得。

1. 计算股权收益率的年波动率 σ_E

首先在网易财经网获取 A 公司 2019 年历史股票交易数据，选择其中每日收盘价，按日期排序汇总成表格，使用 LN(·) 函数计算每天对数收益率，如

图 3.1 所示。

	A	B	C	D	E	F
1			计算数据	平均日收益率=	0.000196574	
2				平均年收益率=	0.047964059	0.047964059
3				日收益率标准差=	0.033768308	
4				年收益率标准差=	0.527477828	
5	**日期**	**名称**	**收盘价**	**每日对数收益率**		
60	2019/10/16	A公司	3.31	0.009104767		
61	2019/10/15	A公司	3.28	0.015361285		
62	2019/10/14	A公司	3.23	0.003100778		
63	2019/10/11	A公司	3.22	0.00623055		
64	2019/10/10	A公司	3.2	0.006269613		
65	2019/10/9	A公司	3.18	0		
66	2019/10/8	A公司	3.18	0.022258471		
67	2019/9/30	A公司	3.11	-0.003210276		
68	2019/9/27	A公司	3.12	0.009661911		
69	2019/9/26	A公司	3.09	-0.028710106		
70	2019/9/25	A公司	3.18	-0.027908788		
71	2019/9/24	A公司	3.27	0		

图 3.1　A 公司 2019 年股票对数收益率

经简单计算，2019 年共有 244 个股票交易日，可以计算出收盘价日收益率标准差 σ_0 为 0.033768308，收盘价的年收益率标准差 σ_E 为 0.527477828。

2. 计算股权价值 V_E

股权价值 = 流通股价值 + 非流通股价值。流通股价值 = 流通股股数 × 当天股票价值；非流通股价值 = 非流通股数 × 每股净值。因时间跨度为 1 年，选择 2019 年的平均股价作为基数，经报表查询，A 公司总股本 10.30 亿股，全部为流通 A 股。2019 年的平均股价约为 3.57 元，2019 年平均总市值为 3674840594 元（如图 3.2 所示）。

	A	B	C	D	E
1			2019年平均股权市值	3674840594	
2	日期	名称	收盘价	总市值	流通市值
3	2019/12/31	A公司	3.63	3737289086	3737214566
4	2019/12/30	A公司	3.3	3397535533	3397467787
5	2019/12/27	A公司	3.3	3397535533	3397467787
6	2019/12/26	A公司	3.31	3407831095	3407763144
7	2019/12/25	A公司	3.32	3418126657	3418058501
8	2019/12/24	A公司	3.32	3418126657	3418058501
9	2019/12/23	A公司	3.3	3397535533	3397467787
10	2019/12/20	A公司	3.35	3449013344	3448944572
11	2019/12/19	A公司	3.39	3490195593	3490125999
12	2019/12/18	A公司	3.35	3449013344	3448944572
13	2019/12/17	A公司	3.37	3469604468	3469535285
14	2019/12/16	A公司	3.33	3428422219	3428353858
15	2019/12/13	A公司	3.28	3376944408	3376877073

图 3.2　A 公司 2019 年平均股权市值

3. 计算无风险利率 r

因预测的是 A 公司未来一年的企业信用额度，故 r 选择一年期国债利率。查询可知，2019 年共发行了两期一年期国债，利率分别为 2.31% 与 2.65%，取平均值 2.48% 为计算使用的无风险利率。

4. 确定期限 t 与可接受的违约率 EDF

因案例分析需要，这里设置 $t=1$，EDF 为 5%，即能够接受不超过 5% 违约概率的信用贷款。

5. 在 EXCEL 中规划求解

建立一个 EXCEL 文件。首先在 A2 ~ A6 单元格输入未知参数名，在 B2 ~ B6 单元格根据经验输入未知参数初始值，在 D2 ~ D6 单元格输入已知参数名，在 E2 ~ E6 单元格输入已知参数的值。

然后将 KMV 模型变形获得的方程组按要求在 B8 ~ B12 单元格中输入。在 B8 中输入“ = B2 * NORMSDIST(B5) - B4 * EXP(- E2 * E3) * NORMSDIST(B6) - E5”；

在 B9 中输入“ = NORMSDIST(B5) * B2/E5 * B3 - E4”；

在 B10 单元各输入“ = NORMSDIST(- B6) - 10%”；

在 B11 中输入“ = [LN(B2/B4) + (E2 + 0. 5 * B3^2) * E3]/(B3 * SQRT (E3)) - B5”；

在 B12 中输入“ = B5 - B3 * SQRT(E3) - B6”，完成方程组的初步构建。

*y*1 ~ *y*5 值为 0，取其平方和为 0，在 D8 中输入“ = B8^2”，往下拖拉填充完整，在 E8 中输入“ = D8 + D9 + D10 + D11 + D12”。由此完成了规划求解前置步骤。

然后点击 EXCEL 工具菜单栏数据选项卡中规划求解工具，设置 E8 为目标单元格，目标值设置为确定值 0，可变单元格为 B2：B6，输入约束条件 B6 = d2，因 sigmaA 的取值通常在［0，10］之间，故 0 < = B3 < = 10。约束条件设置完毕点击求解，最终 EXCEL 算出最优解，得出 *X* 为 300478960. 5，即 A 公司的信用额度为 3. 0048 亿元。

6. 评估结果分析

查询 A 公司 2019 年财务报表可知，2019 年末该公司账面总资产约为 9 亿元。因模型计算的是没有担保情况下的信用额度，而且到期时间是一年之内，属于短期借款，是在无抵押、无担保，且前置的违约概率为 5% 的情况下，能给予 A 公司最大的短期借款的信用额度（含企业自发性负债融资）。

重复上述相同的测算过程，对 A 公司在发生违规失信事情前的信用额度进行评估，采用 2017 ~ 2018 年相关数据，得出 *X* 为 512678977. 6，即 A 公司的信用额度为 5. 1268 亿元。

对比可以看出，A 公司发生违规失信事件前后的信用额度差异高达 2 亿多元，这足以说明违规失信事件对企业融资能力的影响。

3.2.3 模型评价与评估结果应用

KMV 模型建立在现代公司理财和期权理论基础之上，具有很强的理论基础。本研究基于 KMV 模型变形推导，前置违约概率，构建的上市公司企业信用额度评估模型具有扎实的理论基础，评估结果具有较强的科学性。

根据有效市场理论，股价能够充分反映包含企业守信信息和失信信息在内的所有可得信息，因此，本研究基于对 KMV 模型变形推导，建立了企业信用额度计算模型。该模型在给定违约概率前置条件下，基于市场上企业信用信息对企业股票市场数据的影响，进而影响企业的负债融资能力，从而确定企业信用资本的融资价值。

KMV 模型充分利用股票市场信息，对所有公开上市企业具有普遍适用性；KMV 模型的数据来自公开市场的实时交易数据，而不是企业的历史数据，因此更能反映企业当前的信用状况，具有前瞻性，其预测能力更强、更及时，也更准确。因此，本研究基于 KMV 模型变形推导设计出来的企业信用资本融资价值评估模型，同样具有以上优点。在计算过程中，我们给定了约束条件，使结果偏差较小，符合预期，并且在 EXCEL 强大的算力下，能够快速解出最优解①，节省人力物力。结果基于股票数据计量而得，更具真实性，避免了财务数据不真实造成的计算误差。

本模型主要用于测算上市公司的信用额度，其实质反映了上市公司能够从银行获得多少信贷资源，使得企业能清楚地了解信用及信用资本能为自身带来的融资利益的金额，方便企业进行信用资本融资价值的管理。同时，上

① 也可使用 MATLAB、PYTHON 编程进行迭代得到最优解。

市公司可以参考本模型进行适度负债，避免过度负债所带来的债务风险。

银行可以使用本模型对上市公司客户进行授信额度的评估和管理，以避免对上市公司企业客户授信不足或授信过度，造成银行信贷资源的错配。

3.3 中小企业信用资本的“融资价值”评估

《中华人民共和国国民经济和社会发展第十四个五年规划和 2035 年远景目标纲要》作为指引今后一段时期经济社会高质量发展的纲领文件，强调要健全民营企业融资增信支持体系，要以更多“增信”方式赋能中小企业发展，积极探索为优质民营企业增信的新机制。[①] 本节将从中小企业信用资本的“融资价值”评估技术出发，试图为中小企业增信融资作出贡献，也为中小企业认识自身信用资本“融资价值”提供技术参考。

3.3.1 开展中小企业信用额度评估的重要意义

改革开放以来，中小企业数量逐年增加，它们作为国民经济的重要组成部分，为我国 GDP、税收、城市就业等方面作出了巨大的贡献。然而，与中小企业贡献的社会价值相比，其从金融机构获取的金融资源明显偏少。国家高度重视中小企业的发展，出台了很多政策支持商业银行对中小企业的金融服务，缓解中小企业融资难、融资贵问题。近年来，国家大力推动普惠金融政策，商业银行开始重视中小企业金融服务市场，将中小企业授信业务作为其新的战略业务发展方向。商业银行把中小企业可能存在的授信风险控制在可容忍的范围内，需要科学合理地测算中小企业授信额度，这不仅可以实现

---

① 孙飞．“十四五”四方面着力建设社会信用体系［N］．中国经济时报，2021－03－25.

银行利益最大化，而且能够保证中小企业可持续性发展，进而为国民经济发展起到积极作用。

中小企业信用额度的计算和确定是一项非常复杂的工作，对银行授信决策和信用风险控制具有重要的现实意义。目前，商业银行缺乏适合中小企业贷款的科学合理的信用额度确定模型。

3.3.2 中小企业信用额度评估中存在的问题

企业能获得的信用额度与其信用状况密切相关，金融机构通常在对企业客户进行信用评价的基础上评估核定授信额度。我国商业银行对企业客户的信用评价以及以此为基础进行的信用额度评估，大多是借鉴国外的技术以及自身的经验来构建信用评价指标体系和授信额度评估确定方法。目前，仍然缺少一套能够符合中小企业特点，专门为中小企业服务，并匹配国家扶植中小企业发展的信用额度评估系统。

1. 缺乏评估可利用的市场信用信息，而公共信用信息利用不足

一直以来，许多民营中小企业虽然有订单、有市场，但由于它们信息公开度低、透明度不高，加上在银行“缺信贷历史记录”，银行就难以对其进行信用评价；而且“缺抵押”容易被金融机构划入风险偏高群体，从而难以获得融资或者需要付出较高的成本才能获得融资。

信用信息是信用风险评估和信用额度评估的基础。信用信息主要是指可用以分析企业信用状况的客观数据和资料，企业的信用信息包括公共信用信息与市场信用信息。按照信用信息来源，又可以分为三大征信体系，分别是金融征信、商业征信、行政管理征信。中小企业由于很少得到商业银行的贷款，所以缺乏来自金融征信的信用信息记录；商业征信目前尚不成熟，银行也很难得到相应中小企业的信用信息。在公共信用信息平台建立之前，企业

已形成的公共信用历史数据分别掌握在政府各部门手中，如企业纳税情况主要掌握在税务部门手中，企业缴纳社保情况主要掌握在人社部门手中，企业缴纳水电燃气费情况主要掌握在公共事业部门手中，企业获得知识产权情况主要掌握在市场监管部门手中等，形成各类大小不同的“信息孤岛”，银行难以获得分散在各部门的信息，由此形成银企信息不对称。在非对称信息而又缺乏抵押物的情况下，银行难以对中小企业信用进行评定。

目前，全国公共信用信息共享平台信息归集量超过数百亿条，统一社会信用代码已覆盖全部市场主体，行政管理征信的企业公共信用信息较完备。2021年5月国家发改委召开全国“推广‘信易贷’模式，促进金融服务实体经济”工作现场会，提出要及时准确开展市场主体公共信用信息评价，助力银行有效防范市场主体风险，但考虑到信息安全、保护信息主体权益等问题，目前公共信用信息共享开放还存在障碍，信用信息的利用尚显不足，信用信息价值尚未充分发挥。

2. 未充分考虑中小企业主的个人信用情况

中小企业相对于大中型企业，由于经营权和所有权尚未完全分离，企业和企业主个人关系密不可分，企业主本人往往就是企业经营活动的管理者。中小企业主本人的信用观念和信用意识直接影响企业的信用管理文化和制度，对中小企业的守法合规经营以及市场履约意愿具有决定性影响。

然而，现有授信额度评估还是侧重于中小企业自身财务状况，侧重于中小企业自身的偿债能力和偿债意愿，对中小企业主的信用水平考虑不足。

3. 缺乏对中小企业未来整体价值的评估分析

银行作为营利性机构，其给予企业授信额度的大小与企业还款能力密切相关，而企业还款能力大小取决于其未来的还款来源。企业未来生产经营活动产生的现金流量是企业第一还款来源，也是借款合同履约的主要来源，抵押物等担保措施是第二还款来源，也是次要还款来源。因此，企业未来生产经营活动产生的现金流量是银行授信额度确定的主要考虑因素。

根据资产价值是其未来现金流量现值的资产定价理论，企业未来自由现金流量情况决定着其未来整体价值的大小和银行对其授信额度大小，而企业未来整体价值是企业未来现金流量情况的综合衡量指标，因此，应当依据企业未来整体价值的大小来确定授信额度的大小。

目前，商业银行在分析中小企业还款能力时主要是基于财务报表数据，着重于企业财务报表上体现的能够作为抵押物的资产数额，而中小企业往往缺少的就是抵押物资产。另外报表上列示的资产反映的是历史成本（大多数），即资产过去的价值，而还款能力取决于现在和未来，历史成本不能反映中小企业的真实还款能力。

知识产权、企业品牌、企业社会责任体现了企业创新发展能力、市场认可度和企业价值取向，这些都是企业未来整体价值的重要影响因素。拥有知识产权、企业品牌、履行社会责任的中小企业恰恰是未来我国经济高质量发展的主力。然而，商业银行现有信用评价指标评价体系没有或较少体现这些因素。

4. 未将政府增信措施考虑在内

近年来，国家大力推进政府性融资担保体系建设，支持小微企业融资发展，在畅通金融服务毛细血管、引导更多金融“活水”流向小微企业方面发挥了积极作用。各地不断推出政银合作、风险分担、共同促进“三农”和普惠金融业务发展的“政府增信”模式。然而，目前商业银行对于此类业务尚未开发相应的信用额度评估模型，而传统模型并没有考虑政府增信措施对授信额度的影响。因此，在开展此类业务过程中，银行要么过度依赖政府；要么授信过低，主动作为不足。商业银行应建立基于政府增信的中小企业授信管理系统，有助于实现自主的信贷管理。

3.3.3 基于政府增信的中小企业信用额度评估模型

1. 构建符合中小企业特点的信用评价指标体系

（1）中小企业信用评价特点。

为体现中小企业特点，其信用评价过程中应重点关注以下要素：

①中小企业主的个人信用情况及其管理运营能力。

在中小企业中，中小企业主拥有投资人、经营管理者双重身份，中小企业所有人往往对企业直接实施经营管理权，即便企业以公司等法人的组织形式存在，企业的所有人往往也是管理人，即所有权与控制权合一，而不是大型公司的两权分离。由于中小企业规模偏小、人数偏少，且多为家族企业，容易形成“一言堂”，中小企业主对公司诸多重大事项享有决策权，如负责确定企业经营的战略目标、制定战略方针及实施规划，同时也是企业的财务管理人，对于企业资金的筹措、运用、增值等享有实际决策权、支配权；也是企业核心资源掌控者，掌控着影响企业存续、发展的实物、技术、市场、人力、金融等核心资源；更是企业最直接、最形象、最有效的代言人。在“正向”形象代言中，中小企业主本身代表着奋斗、成功、智慧和责任，作为中小企业的名片对外展示形象。但是，一旦中小企业主出现违规失信事件，企业就会遭受致命打击。如中小企业主染习不良嗜好、涉及刑事犯罪等，都会导致企业形象、社会信任度的坍塌，进而产生连锁反应，影响企业的生产和经营，甚至将中小企业推向破产境地。

因此，对于中小企业的信用评估，还需要对中小企业主的个人征信情况进行分析，需要加入企业主个人征信的分析维度。通常应包含以下内容：中小企业主个人情况，如年龄、性别、收入、婚姻状况、工作年限等；信贷情况，如三年内个人的信贷借款、还款记录；公共数据，如税务、工商、公安等公共部门的数据；个人信用报告使用次数。

②中小企业的公共信用信息。

公共信用信息的优势主要有四点：一是相对可靠权威。公共信用信息主要来源于具有管理公共事务职能的组织等权威机构，是一种相对客观权威、难以造假的可靠数据。二是对市场主体覆盖面广。得益于对公共事务的高度参与，市场主体不可能没有被记录的公共信用信息。只要企业注册，必然就有工商登记信息；只要企业运作，纳税和公共事业缴费数据必然产生；行政检查、实控人情况等一系列数据也必然存在于相关行政部门中。三是能够较好反映企业信用风险。企业大多数重要的市场决策行为都会提前在各行业主管部门中的公共信用信息库中留下痕迹，沿着这些痕迹并结合历史进行大数据分析，能够在其中捕捉到一般性规律。如企业的水电气使用量、物流信息、纳税金额能反映生产销售状况；社保、公积金缴纳人数和基数能反映企业信心和规模扩张计划；行政许可能反映业务收入来源；行政奖励和处罚能反映履行法定义务和社会责任的能力和意愿；司法信息能反映业务风险领域等。四是时效性较强。行政许可、行政处罚等公共信用信息自作出行政决定之日起 7 个工作日内上网公开。属于主动公开范围的政府信息，自该信息形成或变更之日起 20 个工作日内公开，公共事业缴费数据则是按月产生并更新。

显然，在大数据技术下，公共信用信息可以作为金融信息的重要补充，提升信贷资源的配置效率。但是，当前公共信用信息的金融价值并没有得到金融机构的充分挖掘。一是分析不足。金融机构较少关注企业公共信用信息，即便关注也几乎只关注数值型数据，最多倾向于使用和收入及偿债能力存在明显线性关系的公共信用信息。如不动产、纳税、用电、社保和公积金缴纳等，对文本型数据缺乏关注。对公共信用信息和信用风险水平之间存在的非线性关系挖掘不足，导致大量有价值的公共信用信息被忽略。二是应用不足。金融机构对企业的行政奖励、荣誉称号、表彰、慈善行为等正面公共信用信息利用较少，而对没有准时足额纳税、处罚、列入被执行名单等负面信息关注较多，并且多用于辅助参考以防万一。在金融产品设计和授信审批中，缺乏公共信用信息变量或权重较低，公共信用信息在实际信贷业务中仅仅起到“锦上添花”而非“雪中送炭”的作用。这容易造成金融机构在考虑公共信用信息后反而提升了信贷审核门槛，降低社会整体信贷投放数量。

（2）中小企业信用评价指标体系。

根据信用评估体系的构建原则和基本要素，本章构建了适合于当前中小企业信用评估指标体系。在评价层面除了企业本身和中小企业主相关的因素需要考虑，还需要适当预测中小企业未来的发展潜力，同时对其信誉水平进行评估。即中小企业信用评估评价指标体系包括三大类指标：管理者素质水平、企业未来发展潜力和社会信誉水平。每一大类指标下又可以细分 3 ~ 4 个二级指标，如表 3. 1 所示。

表 3. 1　　中小企业信用评估指标

评价层面	评价指标	具体解释
管理者素质水平	基本素质	品德、思维、知识、判断力、执行力等
	经营管理水平	主营业务稳定性和营业场所，公司的持续时间等
	个人信用情况	是否遵纪守法，是否守信践约，是否具有较好的偿债能力和偿债意愿
企业未来发展潜力	现有财务水平	现有财务水平对未来发展的支持能力
	潜在核心竞争力	知识产权、品牌、核心团队等形成的核心竞争力
	发展阶段	企业在当前发展阶段的计划制定
	行业成长潜力	企业在未来是否具有发展潜力
	宏观经济环境	宏观影响因素对企业的影响
	区域经济情况	企业所处区域经济状况
企业社会信誉水平	企业公共信用情况	企业是否合规经营
	社会责任履行情况	企业是否积极承担社会责任
	社会特殊贡献	在社会责任之外，是否对社会作出特殊贡献

2. 构建中小企业信用额度评估模型

（1）部分银行的授信额度模型。

目前，大部分商业银行是通过企业的信用等级、有效净资产与财务杠杆系数来计算其信用额度。1999 年，中国建设银行颁布的《中国建设银行信贷客户评价暂行办法》规定的授信额度计算公式为：$CL = E \times K \times V - D$，其中，$E$ 为除易损耗资产外的客户净资产，即客户目前的有限净资产；K 为目标杠杆率比，按不同行业进行设置；V 为客户信用等级所对应的调节系数；D 为目前客户的全部负债扣除客户对本行的负债。姚适（2017）提到商业银行通常运用的模型为 $CL = L + 1/3 \times (K \times V - P) \times E$（其中，$L$ 表示商业银行对该客户的贷款余额，K 表示行业调节系数，V 表示客户所对应的信用等级调节系数，P 表示财务杠杆系数，E 表示有效净资产）。为了简化授信，招商银行采用如下三种授信额度确定模型：①净资产信用限额模型，即信用额度（CL）$= E \times V1$（E 表示企业本期净资产，$V1$ 表示净资产限额乘数）；②总资产信用限额模型，即信用额额（CL）$= A \times V2$（A 表示企业本期总资产，$V2$ 表示总资产限额乘数）；③最高资产负债率限额模型，即信用额度（CL）$= \left[\left(\frac{R_m}{1 - R_m} - \frac{R_0}{1 - R_0}\right) \times NA + L_0\right] \times T \times K \times C$（其中，$R_m$ 表示资金方愿意承受的客户最高资负债率，R_0 表示客户本期资产负债率，NA 表示有效净资产，L_0 表示客户基期负债总额，T 表示行业付息负债占总负债的比例，K 表示商业银行融资同业占比控制线，C 表示客户风险系数）。这三种授信模型中的限额乘数 $V1$、$V2$ 和风险系数 C 都需要根据企业信用评价结果确定。

（2）重庆助力中小企业融资的“政府增信”模式。

为缓解中小企业融资难，2019 年重庆市政府和银行金融机构开展了中小企业商业价值信用贷款改革。此项改革建立了中小企业商业价值评价指标体系和评价模型，构建起“4+19+1”企业商业价值评价指标体系①。“4”即4个一级基础指标，包括企业的创新能力、健康经营能力、品牌影响力和社会责任；“19”即19个二级核心指标；“1”即1张负面清单。通过数据测试，赋予各项指标不同权重，最终形成量化的政府视角的中小企业商业价值评价模型（如表3.2所示）。

表3.2　　　　中小企业商业价值评价指标体系

<table>
<tr><th>一级指标
（4个）</th><th>二级指标
（19个）</th><th>三级指标</th><th>四级指标</th></tr>
<tr><td rowspan="7">企业创新能力
（20分）</td><td colspan="3">R&D投入占纳税营业收入比例（7分）</td></tr>
<tr><td rowspan="5">企业经营业务相关知识产权（10分）</td><td rowspan="3">专利</td><td>发明专利</td></tr>
<tr><td>实用新型专利</td></tr>
<tr><td>外观设计专利</td></tr>
<tr><td colspan="2">著作权</td></tr>
<tr><td colspan="2">商标</td></tr>
<tr><td colspan="3">企业所属行业是否符合国家重点支持，如国家发展改革委战略性新兴产业发展目录（3分）</td></tr>
<tr><td rowspan="12">企业健康
经营能力
（50分）</td><td colspan="3">企业成立年限（4分）</td></tr>
<tr><td colspan="3">企业实际控制人在该行业或相关行业的从业年限（4分）</td></tr>
<tr><td rowspan="2">企业及实际控制人信用记录（5分）</td><td colspan="2">企业</td></tr>
<tr><td colspan="2">实际控制人</td></tr>
<tr><td colspan="3">上年度纳税营业收入（7分）</td></tr>
<tr><td colspan="3">毛利率（7分）</td></tr>
<tr><td colspan="3">带息负债与纳税营业收入占比（5分）</td></tr>
<tr><td colspan="3">近1年企业下游前三大客户纳税营业收入占比（5分）</td></tr>
<tr><td rowspan="2">近2年纳税营业收入增长率（8分）</td><td colspan="2">t 年纳税销售收入增长率</td></tr>
<tr><td colspan="2">$t-1$ 年纳税销售收入增长率</td></tr>
<tr><td colspan="3">企业近一年能耗波动情况（2分）</td></tr>
<tr><td colspan="3">合作金融机构数量（3分）</td></tr>
</table>

① 彭卓然，裘益政．基于政府增信的中小企业融资创新改革探析——以重庆市商业价值信用贷款为例［J］．财会通讯，2021（8）．

续表

<table>
<tr><th>一级指标
（4 个）</th><th>二级指标
（19 个）</th><th>三级指标</th><th>四级指标</th></tr>
<tr><td rowspan="5">企业品牌
影响力
（10 分）</td><td rowspan="3">专精特新类企业（5 分）</td><td colspan="2">隐形冠军企业</td></tr>
<tr><td colspan="2">“小巨人”企业</td></tr>
<tr><td colspan="2">专精特新企业</td></tr>
<tr><td colspan="3">其他市级部门及以上荣誉称号（4 分）</td></tr>
<tr><td colspan="3">企业从业资质、等级资质（1 分）</td></tr>
<tr><td rowspan="6">企业社会责任
（20 分）</td><td colspan="3">纳税评级（5 分）</td></tr>
<tr><td colspan="3">纳税额（8 分）</td></tr>
<tr><td rowspan="4">社保缴纳情况（7 分）</td><td>是否缴纳社保</td><td>是</td></tr>
<tr><td rowspan="3">缴纳社保人数</td><td>10 人以下</td></tr>
<tr><td>10～30 人</td></tr>
<tr><td>30 人以上</td></tr>
<tr><td>负面清单</td><td colspan="3">采用“禁止准入、一票否决”的方式，即对于企业以及其法人代表、前两大股东涉及负面清单事项的，暂不纳入商业价值信用贷款支持范围</td></tr>
</table>

在授信额度确定上，根据重庆市事先设定的中小企业贷款额度控制在 300 万元的标准，将评估值乘以 300 万元得到企业应授信额度。银行再在自己的评估系统进行再评估，从而得出最终授信额度。目前，重庆此项改革实践效果明显。

（3）构建模型。

本研究借鉴重庆市中小企业商业价值信用贷款实践中对中小企业授信额度的确定方式，参考招商银行所采用的净资产信用限额模型，结合表 3.1 构建如下中小企业信用额度评估模型。

$$CL = \max\{HL \times C1,\ E \times C2,\ S \times R \times C3\} \tag{3.22}$$

其中，CL 为信用额度；$\max\{\cdot\}$ 为对括号内数组取最大值；HL 为当地政府支持中小企业贷款政策中的最高限额；$C1$ 为政府对中小企业未来整体价值的评价；E 为中小企业期末净资产；$C2$ 为信用限额乘数，依据商业银行对中小企业的信用评价取值；S 为中小企业年平均经营净现金流量（一般选过去 3 年平均数）；R 为经营净现金流量稳定性系数；$C3$ 为经营净现金流信用限额乘数，依据商业银行对中小企业的信用评价取值。

模型（3.22）综合了银行内部对中小企业的信用评价、政府视角对中小企业价值评价[①]，可以作为银行对中小企业的最高信用授信额度限制。

实务操作中，最终的信用授信额度还需要结合另一个因素才能确定，即银监会公布并实施的《流动资金贷款管理暂行办法》中新增流动资金贷款额度，它体现的是企业实际经营需要的流动资金。

$$\begin{matrix}\text{新增流动资金}\\\text{贷款额度}\end{matrix}=\begin{matrix}\text{营运}\\\text{资金量}\end{matrix}-\begin{matrix}\text{借款人自}\\\text{有资金}\end{matrix}-\begin{matrix}\text{现有流动}\\\text{资金贷款}\end{matrix}-\begin{matrix}\text{其他渠道提供}\\\text{的营运资金}\end{matrix}\qquad(3.23)$$

其中，营运资金量 = 上年度销售收入 ×（1 − 上年度销售利润率）×（1 + 预计销售收入年增长率）/营运资金周转次数；借款人自有资金 = 流动资产 − 流动负债 − 近三年货币资金的平均值；营运资金周转次数 = 360/（存货周转天数 + 应收账款周转天数 − 应付账款周转天数 + 预付账款周转天数 − 预收账款周转天数）。

为此，最终的信用授信额度不能超过理论信用额度和新增流动资金贷款额度两者的最低者。

3.3.4 中小企业信用额度评估案例

1. ABC 中小企业简介

（1）企业情况。

ABC 为一家中小企业，成立于 2017 年，专业生产各种小型冷冻冷库、

① 包括对中小企业的信用评价。

冷藏冷库、保鲜冷库及速冻设备。公司总经理杨某为研究生，具有较扎实的冷藏设备技术开发能力和一定的管理能力，个人社会信用状况较好。截至目前，该公司从业人员 20 人，公司总资产 560 万元，负债 282 万元，净资产 278 万元，近三年平均经营净现金流量为 320 万元，但各年波动较大。

（2）融资需求。

因公司近几年发展趋势良好，打算进行业务扩张，但由于缺乏抵押物，所以向银行申请信用贷款。

2. 政府视角的中小企业未来整体价值评价

根据表 3.2，政府中小企业主管部门会同税务、市场监管、人行征信、电力和社会保障等部门将 ABC 中小企业未来整体价值评价所需数据共享接入，再将 ABC 中小企业相关数据导入构建的评估模型得出企业评估值（这在重庆也实现平台化操作），从而得出 ABC 未来整体价值评价得分为 32 分，即 $C1=0.32$。

（1）当地政府支持中小企业贷款政策中的最高限额。

根据当地政府政策，ABC 中小企业所在行业类别的企业，政府支持中小企业贷款政策中最高限额为 300 万元，即 $HL=300$ 万元。

（2）商业银行对 ABC 中小企业信用等级评估及系数的取值。

将表 3.1 的中小企业信用评价体系及评分标准交给 10 位专家评估打分，10 位专家的平均分即为 ABC 中小企业的信用分值，最终该企业的信用评估平均得分为 8.08 分①。

参照商业银行客户信用等级划分表（见表 3.3），确定中小企业的信用等级。即该银行根据 ABC 中小企业的实际情况进行信用评分为 8.08，属于 AA 级。

① 本部分未对 ABC 中小企业信用评分过程展开详细介绍。主要是考虑到目前银行有自己的信用评价系统，而本研究的目的是建议在银行现有信用评价系统中加入反映中小企业特点的一些指标。

表 3.3　　信用等级划分及含义

信用等级	得分	含义
AAA	[9，10]	信用最高
AA	[8，9)	信用很好
A	[7，8)	信用较好
BBB	[6，7)	信用一般
BB	[5，6)	信用欠佳
B	[4，5)	信用较低
CCC	[3，4)	信用很低
CC	[2，3)	信用极低
C	[1，2)	信用最低

根据商业银行对 ABC 中小企业的信用评级结果，对照净资产信用限额乘数取值表，ABC 中小企业对应的净资产限额乘数为 0.57，即 $C2=0.57$；对照经营净现金流量信用限额乘数取值表①，ABC 中小企业对应的经营净现金流量信用限额乘数为 0.85，即 $C3=0.85$。

表 3.4　　信用评价与信用限额乘数对应表

客户最终评级 R	AAA	AA	A	BBB	BB	B	CCC	CC	C
净资产限额乘数 V_1	0.59	0.57	0.55	0.42	0.39	0.36	0.23	0.19	0.18
总资产限额乘数 V_2	0.35	0.34	0.32	0.31	0.29	0.28	0.24	0.20	0.18

（3）ABC 中小企业信用额度评估。

参照本研究构建的中小企业信用额度评估模型，以及上述中小企业信用

① 本书中未列出。

额度模型所需的参数得：

$$
\begin{aligned}
CL &= \max\{HL \times C1,\ E \times C2,\ S \times R \times C3\} \\
&= \max\{500 \times 0.32,\ 255 \times 0.57,\ 320 \times 0.55 \times 0.85\} \\
&= \max\{160,\ 145.35,\ 149.6\} \\
&= 160 \text{ 万元}
\end{aligned}
$$

经过估算，商业银行对 ABC 中小企业的信用额度为 160 万元。这是商业银行在政府增信措施情况下对 ABC 中小企业的最高信用授信额度，最终审批的信用授信额度还需要结合 ABC 企业的资金需求确定。

（4）ABC 中小企业流动资金测算。

银行信贷部通过对 2020 年度 ABC 中小企业的财务数据进行测算，得出新增流动资金贷款额度所需的数据如表 3.5 所示。

表 3.5　　ABC 中小企业其他财务数据

销售收入	销售成本	营运资金周转次数	销售利润率	预计销售收入年增长率	自有资金	现有流动资金贷款	其他渠道提供的营运资金
996 万元	498 万元	2 次	50%	40%	280 万元	0	0

由此可得，营运资金量 = 上年度销售收入 ×（1 - 上年度销售利润率）×（1 + 预计销售收入年增长率）/营运资金周转次数 = 996 ×（1 - 50%）×（1 + 40%）/2 = 348.6（万元）。

综上，ABC 中小企业新增流动资金贷款额度 = 营运资金量 - 借款人自有资金 - 现有流动资金贷款 - 其他渠道提供的营运资金 = 348.6 - 220 - 0 - 0 = 128.6（万元）。

（5）ABC 中小企业最终信用授信的建议。

经测算，ABC 中小企业新增流动资金贷款额为 128.6 万元，商业银行最高风险控制额度为 160 万元，取两者最低者，建议给予 ABC 中小企业 128 万元（一般授信额度都是取整数）的流动贷款授信，授信期限为 1 年。本笔授信用途为日常经营周转或支付货款。

3.3.5 模型评价与评估结果应用

本研究基于重庆市政府和银行金融机构合作实施的中小企业商业价值信用贷款改革实践中的授信额度确定模型，以及招商银行贷款业务过程中实际使用的授信额度模型，构建的基于政府增信的中小企业信用额度模型具有较强的现实基础和合理性、可行性。

在中小企业信用评价方面，由于信息不对称，银行金融机构无法完整准确地获取中小企业的信用数据，因此对中小企业缺乏信心，导致银行不愿贷、不敢贷。通过政银合作，政府为银行提供的中小企业纳税、社保、技术创新、政府奖励、品牌、社会责任、舆情数据等方面信息数据，具有一定的权威性、准确性，有利于解决银企信息不对称问题，实现了政府增信的作用。同时，也有利于银行防控信贷风险，实现银行信贷资源的优化配置，把资金贷给技术先进、信用良好的企业。

将企业纳税信息、社保缴纳信息等公共信用信息纳入评价指标体系中，同时，实行负面清单制，企业以及其法人代表、前两大股东涉及负面清单事项的，暂不纳入政府支持范围，因此，有利于引导中小企业的社会责任意识和守法经营意识。

本研究提出的基于政府增信的中小企业信用额度评估模型，有利于商业银行快速、合理地确定对中小企业的授信额度，优化金融资源的配置；有利于促进中小企业融资，也能够使中小企业清楚地看到信用带来的融资利益—信用额度的高低，即信用资本的融资价值大小，方便中小企业进行信用资本融资价值的管理。

3.4 个人信用资本的“融资价值”评估

个人信用资本的“融资价值”测度评估，对于认识信用能够为个人带来多少可利用信贷资源具有重要指导作用，有利于促进社会大众自觉守信；同时，在大力推行“国内国际双循环”战略背景下，如何充分释放我国超大规模的内需潜力，如何挖掘个人信用资本的“融资价值”以便进行适度规模的消费信贷，对此进行量化测度，则有利于金融资源的合理配置。

个人信用借贷的历史由来已久，在原始社会，人类的日常交易活动就有了赊欠行为。美国在1915年首次发行信用卡，这是个人信用发展的标志性事件。1929～1933年，经济危机爆发后，美国的经济学家凯恩斯认为政府应该减少“看不见的手”对国家经济的干预，鼓励国民提前消费，以此促进国内的生产，解决更多人的就业。在这一时期，金融机构的个人消费信贷业务开始激增，个人信用消费进入新的发展阶段。

20世纪50年代，我国出现了个人信用消费，主要是贷款购买住房。这一时期的市场经济还不活跃，个人信用消费缺乏经济基础的支撑，市场条件也不成熟，信用消费的范围有限，还处于探索阶段。20世纪90年代以来，随着我国市场经济的发展，人民收入水平的提高，房屋、汽车等消费品需求旺盛，买方市场逐步形成，为了进一步扩大内需，提高消费者的消费能力，政府采取了很多措施，出台了多项政策推动个人信用消费的发展。

3.4.1 个人信用评分

我国的信用经济于20世纪90年代中后期逐步发展起来，国内的商业银行发放贷款时为了控制违约风险，开始借鉴美国、英国等发达国家的个人信用评分模型设计适合中国国情的个人信用评分体系。最开始，国内商业银行设计的评分指标包括客户的个人身份、从事的职业、整个家庭的年收入、与银行的业务往来等。通过将这些指标进行量化并根据指标的类别赋予不同的分值，得出客户的个人信用综合评分后评定客户的还款能力、信用状况，最后确定客户的信用等级。

随着经济的高速发展，我国征信业也开始进一步发展，各大银行和征信机构根据形势发展的需要设计了自己的个人信用评分体系。目前，除了银行金融机构开展的客户个人信用评分外，在个人信用评估市场上已形成了三类个人信用评估，分别是信用服务机构构建的个人信用评估、城市社会信用政府主管部门构建的个人信用评估和电信运营商构建的个人信用评估。

1. 银行构建的个人信用评分

中国建设银行在 1999 年 10 月制定了《中国建设银行龙卡个人信用评估管理办法（试行）》，申请人申请信用卡时，中国建设银行据此进行信用评分，然后根据申请人的综合评分确定信用等级、信用额度。中国建设银行信用卡个人信用评分等级如表 3.6 所示。

表 3.6　　中国建设银行信用卡个人信用评分等级

信用等级	评分区间（分）	信用额度（万元）
AAA	>190	5 ~ 3
AA	189 ~ 180	3 ~ 2
A	179 ~ 170	2 ~ 1
BBB	169 ~ 160	1 ~ 0.8
BB	159 ~ 150	0.8 ~ 0.5
B	149 ~ 140	0.5 ~ 0.3
C	139 ~ 110	0.3 ~ 0.1

资料来源：陈勇阳．个人信用管理、理论、实务及案例［M］．重庆：重庆大学出版社，2016。

2. 信用服务机构构建的个人信用评分

较早设立并有一定影响力的国内信用服务机构有上海资信和鹏元征信，这两家机构设计的个人信用评分体系运用比较广泛。后起之秀主要以互联网巨头为代表，如阿里、腾讯、京东等。这些第三方信用服务机构都为个人提供了个人信用评分服务，例如，芝麻信用的芝麻分、京东白条、腾讯的微信支付分等，它们在数据来源方面，除了传统金融机构的数据外，还收集了其他领域的数据，比如与日常生活相关的数据、电商平台的数据、信贷产品数据等。这使得个人信用评估活动更加多元化。评估模型方面，这些个人信用服务机构运用大数据、云计算、人工智能等先进科技，对传统模型进行深度优化，对不同客户带来的风险进行差异化定价。

（1）上海资信个人信用评分。

上海资信将个人信用评分分为：风险评分、价值评分、响应评分、流失评分等，于 2006 年 3 月根据收集的数据和数学建模技术推出了国内个人信用管理评分，信用级别划分如表 3.7 所示。

表 3.7　　上海资信个人信用评分系统

分数（分）	级别	分数（分）	级别
>1977	A1	963 ~ 999	B1
1966 ~ 1976	A2	932 ~ 962	B2
1949 ~ 1965	A3	902 ~ 931	B3
1924 ~ 1948	A4	871 ~ 901	B4
1797 ~ 1923	A5	799 ~ 870	B5
1685 ~ 1796	A6	0 ~ 798	B6
1000 ~ 1684	A7	—	—

（2）深圳"鹏元 800"个人信用评分。

"鹏元 800"是鹏元征信有限公司于 2005 年自主研发的个人综合信用风险评分系统，它通过建立数学模型统计分析个人信用信息，预测申请人未来可能违约的概率，用分数综合反映个人信用状况。2008 年"鹏元 800"升级到 V3. 0。最新版本的个人信用评分包括个人基本信息、个人银行信用卡信息、个人在银行的贷款信息、个人缴纳的社保等。其中，银行信用卡信息和个人在银行的贷款信息是决定个人信用评分的关键因素。

深圳"鹏元 800"每 80 分为一个等级，其中，800 分对应的违约率为 1. 73%，而 320 分对应的违约率为 100%。深圳"鹏元 800"个人信用评分在深圳多家银行得到应用。其评分系统准确诠释了个人信用，能够比较精确地了解个人可能发生违约的概率。深圳"鹏元 800"的评分等级划分如表 3. 8 所示。

表 3. 8　深圳"鹏元 800"个人信用评分

信用评分等级	信用分区（分）	是否放贷
A	720 ~ 800	可正常放贷
B	640 ~ 720	可正常放贷
C	560 ~ 640	可放贷，优惠条件减少
D	480 ~ 560	可放贷，优惠条件减少
E	400 ~ 480	放贷有较大风险
F	320 ~ 400	有违约风险

（3）芝麻信用评分。

目前，芝麻信用已经在互联网金融和生活等上百个场景为客户提供服务，例如信用卡、消费金融、小额贷款、酒店、租房、借书等。

①数据来源与分类。芝麻信用的数据来源主要分为五类，分别是电商平台数据、社交数据、用户基本信息、金融类数据、其他数据。

A. 电商平台数据。阿里巴巴旗下的淘宝和天猫这两大电商占领了整个B2C行业50%以上的市场份额。除此之外，阿里巴巴还引入了口碑、合资苏宁云商等交易数据，这些共同构成了芝麻信用评估体系的原始数据。

B. 社交数据。社交数据反映出一个人的人脉关系，而这种人脉关系是基于人与人之间的信用经济关系。芝麻信用的社交数据主要来源于内部平台和外部合作机构，如阿里旺旺、微博、聊天软件等社交平台。

C. 用户基本信息。用户基本信息主要包括姓名、性别、学历、邮箱、联系方式、身份证等。在保证用户个人信息安全的前提下，这些基本信息将用于个人信用评估。

D. 金融类数据。芝麻信用的金融类数据可以分为内部金融数据和外部金融数据。内部金融数据主要来源于蚂蚁金服旗下的各类金融产品，包括支付宝、余额宝、蚂蚁花呗、借呗等。外部金融数据主要源于传统金融机构，例如与银行、小贷公司、消费金融公司等进行合作，彼此达成互惠互利的协议。

E. 其他数据。这部分数据主要包括：第一，公共事业单位的数据，如水费、电费、物业费等；第二，与政府部门合作的数据，如来自司法、税务、工商等部门的数据；第三，与日常生活相关的数据。

②芝麻信用评估模型。芝麻信用的评估模型在借鉴美国知名的FICO评分模型的基础上，结合自己的实际情况，创建出具有自身特色的五大评估维度模型，并综合运用大数据、云计算、人工智能等先进技术，最终计算出个人芝麻信用分。芝麻信用评估模型从身份特质、履约能力、信用历史、行为偏好、人际关系这五大维度来评估用户的信用状况，其中，占比最高的维度是信用历史，之后依次是履约能力、行为偏好、身份特质和人脉关系。

除此之外，在每一个大的维度下，都有对应的二级指标，如表3.9所示，而每一个二级指标也对应了许多三级指标，其三级指标加起来总共有70个。

表 3.9　　芝麻信用评估模型指标分类

芝麻分维度	DAS 元素类别	元素数量（个）
身份特质	就业类信息	2
	稳定性指标	4
行为偏好	消费行为	12
履约能力	固定资产	2
	流动资产	9
	流水数据	10
信用历史	信用数据查询	3
	信用还款历史	8
	逾期历史	17
人脉关系	人脉指标	3
总计		70

①身份特质，是指用户的个人基本信息。主要来源于公安机关、工商局、法院等政府部门。在该维度下，进一步分为就业类信息和稳定性指标，就业类信息包括所在公司和职业类型；稳定性指标包括消费稳定度、最近一年使用手机号码、手机号码稳定天数、地址稳定天数。

②行为偏好，是指用户在消费、转账、理财等日常活动中表现出的偏好及稳定性。其数据来源于消费者在互联网、商场等场景的消费记录和付款记录，以及在银行等金融机构办理业务的记录。行为偏好包含消费区域个数，最近 1 年支付活跃场景，最近一年在母婴、游戏、家具建材、汽车、旅行等领域的消费总笔数和总金额。

③履约能力，指的是用户在使用各类信用服务时能够及时履约的能力，例如水电费和物业费是否按时缴纳、租车是否按时归还等。履约能力包含三个方面：第一，固定资产，比如是否有房有车；第二，流动资产，比如最近 1 个月、3 个月、6 个月的流动资产日均值、理财产品总收益等；第三，流水

数据，比如近 1 个月、3 个月、6 个月的支付金额、消费总金额等。

④信用历史，是指用户的信用还款记录和历史，主要指用户在使用借呗、花呗等蚂蚁金服旗下产品的信用历史，还包括用户在合作伙伴处产生的信用历史。信用历史包含三方面指标，分别为信用查询数据、信用还款历史和逾期历史。

⑤人脉关系。芝麻信用将与人脉关系相关的转账关系、好友关系等信息用于评估个人信用。人脉关系包含三类指标，分别为近 1 年人脉圈稳定度、社交影响力指数、信用环境指数。

3. 城市社会信用政府主管部门构建的个人信用评分

近年来，成都、北京、郑州等多个城市出台了规划，提出加快建立健全个人信用评价体系，对个人信用进行指标量化，奖励守信者，惩罚失信人。有些城市尝试为市民创建个人信用评分。其中，苏州市的“桂花分”和宿迁市的“西楚分”较具代表性。

“桂花分”的数据来源于苏州市人口库，以及公安、社保、民政、工商等 20 多个政府部门的基础数据库。其评分模型包括五大维度：基础信息、稳定信息、品德信息、资产信息和其他信息。总分为 200 分，其中基础分 100 分，附加分 100 分。而宿迁市的“西楚分”的评分依据包括自然人基本信息、社会管理信用信息、司法信息等，总分为 1000 分，设置了 69 个指标项，从多个维度综合反映个人信用情况。

4. 电信运营商构建的个人信用评估机制

目前，中国联通和中国移动这两大主流电信运营商基于通信行业的特殊性获取部分与用户相关的信息，借助大数据技术评估个人的信用情况，创建具有自身特色的信用分。

联通的“沃信用分”是联通和招联金融合作构建的个人信用评分体系，

其主要作用是赋予用户在联通手机营业厅的通信、消费和金融方面特权，使用户享有各种优惠。而中国移动推出的“试金石信用分”，基于中国移动拥有的用户信息，结合云计算、机器学习、大数据等技术，通过逻辑回归、决策树等模型对个人信用情况进行评估。

3.4.2 基于大数据征信的个人信用额度评估

1. 个人信用大数据的来源

大数据时代，信用数据采集来源渠道得以大幅拓展。为全面评估个人信用，实现多维度评价，评价数据应包含但不限于如下数据：

第一，金融机构产生的金融信用数据。金融机构产生的数据是大数据的主要来源，通过客户办理金融业务，以及对于办理业务的后续跟踪，实时产生客户的信用数据。这些金融属性的数据包括客户的存款情况、贷款历史、持有信用卡情况、还款记录、购买保险情况、金融投资情况等。

第二，政府部门和公共事业机构产生的公共信用数据。这类数据由各级政府部门和公共事业机构在业务办理过程中产生，如纳税、公积金、社保、民事裁决等信息，以及水费、电费、燃气、网络费的缴付情况等信息。

第三，网络平台产生的商业信用数据和社交信用数据。随着移动互联网的普及，各大网络平台产生的大量社交、电商、出行等数据，这些网络数据已成为个人信用大数据的主要来源。

这三大来源的个人信用大数据分别由不同部门采集，金融信用数据由中国人民银行负责的国家金融基础数据库采集，公共信用数据由国家发展改革委负责的国家公共信用信息平台采集，而商业信用数据和社交信用数据则由各大网络平台自行采集。由于目前尚无一个统一的平台能够获取个人的全部信用大数据。因此，需要集合这三大个人信用大数据来源的信用信息来进行个人信用的综合评估。目前，这三大个人信用大数据来源分别基于自己的信用数据进行了个人信用评估，分别为个人金融信用评分①、个人公共信用评分②和商业网络平台评分③。以下将就如何综合这三大评分进行个人信用等级评估。

2. BP 神经网络个人信用评级模型

我国的个人信用等级评估起步较晚，用于评估的相关信息不全。BP 神经网络逼近任意非线性映射关系的能力对于解决几乎没有规则、多约束条件或数据不完全的问题是非常适合的。在进行信用等级评估与预测时，受到评估数据带有模糊性的特点制约，而 BP 神经网络能够从未知模式的大量复杂数据中发现规律，与传统的评价方法相比，表现出更强的功能。在传统的个人信用风险评估中，大部分的决定因素是信贷员个人主观的判断，而 BP 神经网络可以再现专家的经验、知识和直觉思维，较好地保证了评估与预测结果的客观性。

构建三层神经网络模拟信用等级评估过程，其中，输入层节点数为 3，分别对应三大个人信用大数据来源的信用评分结果指标：个人金融信用评分、个人公共信用评分、商业网络平台评分；隐层节点数可设为 4；输出层节点数为 1，其输出值为模型预测个人信用等级。

本书选取了 200 个研究样本，从中随机抽取 70% 作为训练样本对模型进行训练，剩余 30% 作为测试样本用于测试模型分类效果，通过训练样本构建的模型对个人信用评级的判别准确率为 95.0%，模型判别效果较好。

3. 基于大数据征信的个人信用额度评估模型

个人债务的第一还款来源是个人收入，第二还款来源是个人拥有的净资

---

① 可参考中国人民银行征信中心的个人征信报告。
② 可参考各城市开展的居民个人信用积分，如厦门“白鹭分”、苏州“桂花分”等。
③ 可参考芝麻信用、京东信用分、腾讯信用分等。

产。因此，本书基于大数据征信下个人信用评价结果，构建如下个人信用额度评估模型：

$$CL = \min\{E \times V1,\ S \times R \times V2\} \tag{3-24}$$

其中，$\min\{\cdot\}$ 为对括号内数组取最小值；CL 为个人信用额度评估值；E 为个人有效净资产（E = 总资产 - 总负责 - 财产损失）；$V1$ 为净资产信用调节系数（依据个人大数据信用等级选取确定）；S 为个人全年平均收入（一般选过去3 年平均数）；R 为收入稳定性系数（根据个人月收入流水波动情况、职业情况确定）$V2$ 为收入信用调节系数（依据个人大数据信用等级选取确定）。

从以上模型可以看出，个人信用额度除了与自己的净资产及收入有关之外，还与个人在大数据征信下的信用等级密切相关。而大数据征信下的个人信用评价相比传统个人信用评价，更全面、更及时地揭示了个人真实信用状况。

4. 个人信用资本的融资价值评估案例

自然人甲为某地区一个知名陶瓷品牌独家代理商，线下有 3 家大型实体店，线上在某大型网购平台开设有 1 家网店，他在陶瓷行业积累了多年的工作经验，拥有稳定的客户资源，计划在市中心再开一家瓷器店，特向某小额贷款公司申请贷款 200 万元。通过查询自然人甲的个人征信报告，该小额贷款公司内部信贷审核人员对其进行信用评级，评级结果为 AAA，初步确定授信额度为 170 万元。后通过查询网络购物平台，发现自然人甲所开网店评价不是太高；再查询公共信用信息平台发现，他最近有一笔行政处罚记录，为税务部门的处罚记录。经与当地税务部门的进一步核实，情况属实。

小额贷款公司据此认为仅仅看个人金融征信报告不足以全面反映申请人的信用状况，因此，利用金融大数据、公共信用大数据、商业网络平台大数据对自然人甲信用等级进行了重新评估，大数据信用评级结果为 AAA -，采用上述大数据征信个人信用额度评估模型，评估测算的信用额度 120 万元。

最终，小额贷款公司授信额度为120万元。

3.4.3 模型评价与评估结果应用

个人信用评分是个人信用额度评估的基础。传统个人信用评分过于强调个人基本情况，如工作单位性质、工作的稳定性、职位等，以及个人银行交易记录。随着国内灵活就业人数的增加，以及很多个人由于在银行没有信贷记录，传统信用评估方式导致个人信用评分较低，银行基本不予授信或给予的信用额度很低。随着大数据征信的发展，个人信用数据越来越多元化，金融信用信息、公共信用信息、商业信用信息以及社交信用信息将全面影响一个人的信用评分，从而影响其信用额度。大数据征信更能全面反映个人信用情况，基于大数据征信的个人信用额度评估模型也更能科学地测算出个人信用额度。

个人信用额度评估一方面与银行贷款资金的安全息息相关，另一方面也涉及申请人的自身利益。随着大数据征信的发展，各类信用信息将被低成本大量收集起来用来准确分析个人信用，个人信用情况将直接影响到其能够从金融机构获得金融资源的多少，个人信用资本的融资价值将日益凸显。在大力推行“国内国际双循环”战略背景下，如何充分释放我国超大规模的内需潜力，个人信用消费贷款被寄予厚望，而这有赖于如何充分挖掘个人信用资本的融资价值。

| 第4章 |

信用资本的“品牌价值”评估测度

品牌美誉度是品牌力的组成部分之一，它是市场中人们对某一品牌的好感和信任程度，是现代企业形象塑造的重要组成部分。品牌美誉度和品牌价值取决于市场的评价。如果企业或个人拥有良好的社会信用，其市场评价就会更高，这将影响其品牌声誉和价值。李新庚提出，市场主体的声誉、商誉、品牌等经济要素可以通过信用资本的不断积累而形成，成为重要的无形资产①。根据“信用信誉表现观”，信用是品牌形成的基础，也是品牌价值的重要贡献因素。

为了量化信用所形成良好信誉而产生的品牌利益（这种利益就是信用资本的一种价值形式的

① 李新庚．信用论纲［D］．中共中央党校，2003.

体现，而这种价值形式就是品牌价值），使各类信用主体能够清楚地看到信用对品牌价值的贡献，直观感受到守信或失信对其自身品牌价值高低的具体影响，促进各类市场主体自觉主动守信、维护和提高自身信用资本的品牌价值，促进企业品牌建设、服务品牌强国战略，本章将进行信用资本“品牌价值”的测算评估研究，并从企业信用资本的“品牌价值”和个人信用资本的“品牌价值”分别进行研究。由于企业家和演艺明星受社会关注较多，其失信行为对社会影响较大，本章对个人信用资本的“品牌价值”的测度研究以企业家和演艺明星为例分别展开，并基于社会对企业家和演艺明星的信用期待不同而分别构建信用评价指标体系和评估模型。

4.1 品牌价值评估方法及评析

4.1.1 不同视角的品牌价值评估方法

1. 从财务角度出发的评估方法

品牌作为一种无形资产，可以采用资产评估的方法来进行价值评估。

（1）成本法。

成本法是指在评估资产时从被评估资产的现时重置成本中扣减其各项损耗以确定被评估资产价值的方法。根据这个的定义，其基本评估计算公式如下：

被评估资产评估值 = 重置成本 − 实体性贬值 − 功能性贬值 − 经济性贬值

重置成本是指在现行市场条件下重新购建一项全新资产所支付的全部货币总额，重置成本与原始成本的内容构成可能是相同的，但二者反映的物价水平是不相同的，前者反映的是资产评估日期的市场物价水平，后者反映的是当初购建资产时的物价水平。

品牌作为一种无形资产，其成本具有无形资产所特有的特征：①不完整性。企业自行建设的无形资产通常没有完整的成本记录。大量的前期费用，如培训、开发推广或相关营销等往往没有计入该无形资产的成本。②弱对应性。无形资产成果的出现带有较大的随机性、偶然性和关联性。开发无形资产的费用测算比较困难。还有研究阶段可能会产生一系列无形资产，进行成本分摊也很困难。③虚拟性（象征性）。无形资产的成本具有不完整性、弱对应性的特征，因而无形资产的成本往往是相对的；某些无形资产的内涵已经远远超出了其外在形式的含义。如商标，其成本核算的是商标设计费、登记注册费、广告费等。而商标的价值内涵是标示商品的质量信誉，商标的价值是很难用这三种成本（商标设计费、登记注册费、广告费）度量的，所以商标核算的成本只具有象征性。无形资产的实际价值与重置成本之间可能严重脱节，会导致在评估一些无形资产时成本法不适用。

成本法视角下，品牌价值被视为获得品牌所投入的全部资金，包括品牌的创意建立、形象设计、品牌开发、营销、品牌应用和注册，以及品牌保护中消耗的资金。成本法的假设前提为人们在投资并购或收购某品牌中的出价不会超过该品牌在建立过程中所消耗的成本。成本法是根据获得品牌所支出的成本评估出品牌的价值。其中功能性贬值是指因为技术的发展，新品牌和被评估的旧品牌之间存在生产效率、运营成本、投入成本的差异。经济性贬值是指由于外部环境，例如环保政策的实施，相关产品和服务不受欢迎等导致的品牌价值下降。

用成本法评估品牌价值是不够客观的，投入得越多其价值不一定越大，开发成本和未来收益不一定对称，因此成本法存在很大的局限性。

（2）市场法。

市场法也称市场价值比较法，是指通过比较被评估资产与可比类似资产（可比参照物）的异同，并对类似资产的市场价格进行调整，从而确定被评估资产价值的一种评估方法。市场法的理论依据是替代原理，替代原理是指同类商品之间可以相互替代，如果一件商品的价格在市场上销售的价格高于同类商品的价格，那么商品的购买者可能会放弃这一件商品，转而去购买其他同类商品，因而商品的价格不得不合理偏离其同类商品在同等条件下的价格。因此，可以参照与评估对象同类资产的市场交易价格，来对评估对象进行价值评估。简言之，市场法是指以市场现行价格作为价格标准，据以确定资产价格的一种资产评估方法。

在市场法的视角下，通过大量的资料收集，找出三个或以上与被评估品牌相似的品牌交易案例，对比交易因素、个体因素、时间因素，并对差异进行调整，将调整后的价格进行平均，得出的就是被评估品牌的价值。该方法操作和原理简单，容易被人接受。在国外这种方法使用得非常普遍。但是，我国市场不够完善，该方法的应用有一定的局限性。

（3）收益法。

收益法是指通过将评估对象的预期收益资本化或者折现，来确定其价值的评估方法。收益法评估无形资产的具体应用形式包括节省许可费法、增量收益法和超额收益法。

节省许可费法（relief from royalty method）是基于拥有无形资产等评估对象可以产生未来节省许可费的预期，并对所节省许可费采用适当的折现率折现后累加从而确定无形资产价值的一种评估方法。

增量收益法（premium profits method）是基于对未来增量收益的预期并对增量收益采用适当的折现率折现后确定无形资产价值的一种评估方法。该增量收益是将被评估无形资产所在的企业与另一个不具有该项无形资产的企业的财务业绩进行对比所得出的增量部分。

超额收益法（excess earning method）是用归属于被评估无形资产的各期预期超额收益进行折现累加以确定其价值的一种评估方法。具体是先测算无形资产与其他相关贡献资产共同创造的整体收益，在整体收益中扣除其他相关贡献资产的相应贡献，将剩余收益确定为超额收益，并作为被评估无形资产所创造的收益，再将上述收益采用适当的折现率转换成现值，从而测算得该无形资产价值。这里其他相关贡献资产一般包括流动资产、固定资产、其他无形资产和组合劳动力成本等。在超额收益法视角下，通过从整体收益减去有形资产的收益，除去非品牌的无形资产收益，就可以得出品牌资产的收益。

除了上述资产评估基本的三种方法之外，实务中还有市值法用来评估品牌价值，即把品牌价值从公司市价中分离出来。先用股数乘以股价估算出企业的市值，把市值中的有形资产减去，得出无形资产的价值，通过乘以品牌资产的贡献率得出品牌资产的价值。因为该方法需要股价计算市值，所以更适合应用在已上市公司的品牌上。

2. 从消费者角度出发的评估方法

（1）Brand Equity Ten 模型。

该方法认为，品牌价值由五个方面决定，分别是品牌忠诚度、品牌认知度、市场情况、品牌联系或个性化、认知质量或领导力。在此基础上，爱克创造了十指标体系，并加入了市场因素。另外，影响品牌价值的敏感因素包含在该模型当中，可以从中分析价值的变化。不同的行业，模型选取的指标也会不同。

（2）Brand Asset Valuator 模型。

该模型主张使用调查问卷定期调查，获取多个地区的购买者信息。在问卷调查中，要求购买者对四个指标进行评判，分别为差异性、品牌地位、品牌认知、相关性。差异性指的是品牌在行业中的个性化程度。相关性是指品牌的属性是否满足购买者的需要。

3. 从市场竞争力的角度出发的评估方法

（1）Interbrand 模型。

该模型是由一家英国评估公司发明的，广泛应用于品牌价值评估，在众多品牌价值评估方法中最受国际认可。它的假设前提是，品牌的价值来源于未来的收益，而不是构成品牌的成本或者产品服务的溢价。模型为：品牌价值 = 无形资产收益 × 品牌作用指数 × 品牌强度系数。

（2）Financial World 方法。

该方法与 Interbrand 模型的思想相似，不同之处在于该方法考虑到品牌所属公司的真实财务信息有时难以获得，所以更多以专家意见来确定品牌的财务收益等数据。模型为：品牌价值 = 品牌纯利润 × 品牌系数。

（3）北京名牌资产评估公司评价法。

中国最有价值品牌评估研究从 1995 年开始。北京名牌资产评估有限公司自成立以来，每年都对最有价值的品牌进行可追溯性的品牌评价，评估结果都会在《中国质量万里行》杂志上公开的正式发表。这种品牌价值评价方法将美国的评价方法与当前中国的实际国情相互结合，并且考虑了各个行业不同的发展状况。模型为：品牌的综合价值 = 品牌的市场占有能力 + 品牌的超值创利能力 + 品牌的发展潜力。

（4）亚洲品牌（Asiabrand）评估方法。

该方法在品牌价值评估国家标准多周期超额收益法（GB/T29188 – 2012）的基础上，考虑到品牌未来发展潜力，增加了品牌的期权价值。模型为：品牌价值 = 多周期超额收益法评估值 + 市场期权法评估值。

4.1.2 品牌价值评估方法评析

从财务角度出发的评估方法仅仅从财务的角度来对品牌价值进行评估，并不全面。比如成本法强调了投入成本和品牌价值的关系，但是两者并没有重要关联，很多时候投入的成本并不是一定有效，其成本具有不完整性、弱对应性、象征性等特点，与品牌价值并不相符，还要考虑其是否符合市场地位，品牌自身的状况等。国内市场具有特殊性，市场法在国内的使用有限，并且也不适用于个性化的品牌评估。另外，财务要素的评估方法多选取一些短期的指标进行分析，这样会在某些方面对企业造成误导，使它们过于关注短期的利益。

基于市场要素的评估方法是相对基于财务要素的方法的进步，但仍存在不全面的问题，即没有考虑品牌和消费者的联系。一些品牌通过开展优惠活动，获取较高市场份额，但不表明该品牌获得了购买者的高度认可和信任，并不一定具有很高的美誉度。

基于消费者的评估方法认为品牌的价值是品牌能够带给消费者的价值，它比之前两个角度的方法都有进步。然而，其忽视了品牌价值是企业和消费者共同作用的结果。此外，该方法需要大量精力和时间去获取购买者的资料，效率较低。

总结得出，品牌的评估方法应该考虑全面，包括企业和消费者的角度。而信用虽然已经成为影响品牌价值的一个重要因素，但是大多数模型并没有充分考虑企业社会信用这个指标。一个品牌价值的形成必须是企业和消费者共同作用的结果，而企业信用或品牌信用连接了消费者和企业，品牌只有为消费者所信任、拥有足够的信用度，才能够真正成为一个品牌。本研究将尝试量化信用对品牌价值的贡献，测度信用资本的“品牌价值”，显性化守信或失信对品牌价值的提升或摧毁的作用。

4.2 企业信用资本的“品牌价值”评估

4.2.1 企业信用对企业品牌强度、品牌价值的影响

凯文·凯勒（Kevin Keller，1993）认为，企业信誉和声誉唤起了顾客对企业的情感认知，加深了顾客对品牌的认知，能提升企业品牌价值。

对于企业品牌价值的评价要素，南开大学课题组构建了品牌价值评价的五要素模型，即：有形资产、产品质量、服务、技术创新和无形资产，其中无形资产包括品牌的声誉、企业信用等内容①。

亚洲品牌通过汇集大量企业数据，在对不同类别不同行业的品牌价值特性研究的基础上，将产品收益层次分解，从而确定品牌收益率和相关品牌要素的关系，构建了品牌文化、质量和服务水平、创新引领性、品牌稳定度、品牌领导力、客户关系程度、法律保护度和企业信用度共 8 个维度②、22 个细分指标的品牌价值评估体系，详见表 4.1。

表 4.1　　品牌价值评估体系

指标	分值
品牌文化	100
质量和服务水平	200
创新引领性	270
品牌稳定度	50
品牌领导力	140
客户关系程度	110
法律保护度	50
企业信用度	80
合计	1000

国家标准《商业企业品牌评价与企业文化建设指南》（GB/T 27925）将品牌价值的评价体系分为 5 个一级指标和 17 个二级指标，其中包含了企业信用（诚信），如表 4.2 所示。

① 南开大学课题组．品牌价值评价体系研究：理论视角［M］．北京：中国经济出版社，2019.
② 王建功．品牌蓝皮书：中国企业品牌价值评价报告［M］．北京：社会科学文献出版社，2019.

表4.2　　中国国家标准品牌价值评估体系

一级指标	二级指标
能力	品牌规划、品牌管理、保障机制
品质	企业品质、商品质量、服务质量
声誉	品牌知名度、品牌美誉度、品牌忠诚度、社会责任、诚信
企业文化	精神信念、宣传推广、顾客感知、业界交流
影响	行业影响、社会影响

从上述品牌价值评估理论和品牌价值评估实务中可以看出，企业信用对品牌价值评估值的大小具有重要影响，本研究将基于企业信用对品牌价值的这种重要影响，研究企业信用所带来的品牌利益，这种利益就是信用资本的“品牌价值”。

4.2.2　企业信用资本“品牌价值”评估模型

1. Interbrand 模型简介

目前在全球范围，公认权威的品牌价值评估机构有 Interbrand、Brand Z、Brand Finance 等，它们都有自己的“品牌价值理论”作为支撑，使得品牌价值被赋予了不同的内涵。综合对比，Interbrand 对品牌价值的诠释认同度最高，因为它有清晰的评估标准模型、客观的数据来源。另外，Interbrand 在学术界、商业界出镜率也比较高，其品牌价值评估模型在各行业的应用相对广泛。本研究也是基于 Interbrand 的品牌价值评估模型扩展延伸的。

Interbrand 成立于1974年，是全球最大的综合性品牌咨询公司。自1988年起，Interbrand 在业内率先开启了品牌价值研究，品牌价值评估体系第一个通过 ISO 国际认证，其分析方法也被业界公认为是具有特殊价值的管理工具。

Interbrand 模型其实就是一种变形的收益法，该方法认为品牌的价值不在于所投入成本的多少，而在于其在未来能够给品牌所有者带来持续而稳定的收益。该方法创新性地用品牌乘数这一概念来解释未来收益的合理折现，即预期收益变现的可能性。

（1）模型概述。

$$V = P \times S \tag{4.1}$$

其中，V 为品牌资产价值，P 为品牌未来收益，S 为品牌乘数。

$$P = R \times Q \tag{4.2}$$

其中，R 为无形资产收益，Q 为品牌作用指数。

$$\begin{cases} S^2 = 2L,\ L \in [0,\ 50] & (4.3) \\ (S-10)^2 = 2L - 100,\ L \in (50,\ 100] & (4.4) \end{cases}$$

其中，L 为品牌强度。

（2）主要参数。

①品牌作用指数。

在计算无形资产收益时会有各种因素影响收益，品牌作用指数的作用就是把品牌这种特定无形资产因素对收益的影响单独分离出来。也可以理解为消费者在购买某种商品时，品牌在各种因素中所占的比重。这样就可以把品牌的未来收益从无形资产收益中分离出来，指标的计算通常采用专家评分法。Interbrand 公司利用具有丰富评估经验的专家组对被评估公司进行市场调查，并结合综合情况进行专业判断和评分，以获得相对合理的品牌作用指数值。

②品牌未来收益。

Interbrand 评估模型的品牌收益是指品牌给企业所创造的收益，具体计算步骤如下：

第一，计算无形资产的收益。无形资产收益就是指无形资产所创造的收益，也可以理解为基于实物资产而产生的超额收益，包括品牌资产、商誉、商标等无形资产的收益。简单的计算公式可以表达为：无形资产收益 = 企业净利润－有形资产净利润。

第二，确定品牌收益。在 Interbrand 模型中，企业品牌收益的计量是基于企业的历史财务数据。首先，可以采用企业近三年的历史平均收入按 3：2：1 的比例计算得出加权平均的无形资产收益来作为企业的无形资产收益。因为收入越接近基准日，越能代表企业的实际收入。然后将无形资产收益乘以品牌作用系数，得出品牌收益。

③品牌强度。

品牌强度是品牌未来超额收益永续情况下的贴现率，反映在同行业当中的品牌地位，它衡量品牌在多大程度上可以将未来收益转化为现实收益，以及转变过程中的风险大小。品牌强度越大，则越有可能将未来收益转化为现实收益，从而品牌价值越大。考虑到 Interbrand 的权威性与通用性，也有很多学者直接将 Interbrand 的品牌强度 7 个因素作为评价指标（见表 4.3），这 7 个因素分别为领导性、稳定性、市场性质、行销范围、品牌趋势、品牌支持、品牌保护。对这 7 个因素采用专家打分判断来得出品牌强度，然后通过收益折现率关系，即转换 S 形曲线，把品牌强度转化为品牌乘数。

表 4.3　　品牌强度七因素及分值表

品牌强度影响因素	含义	最高分值
市场性质	品牌市场环境的成熟度	10
稳定性	品牌的长期生存能力	15
领导性	品牌的市场地位及其市场占有率	25
品牌趋势	品牌的发展趋势	10
品牌支持	品牌获得的资金支持及政策支持	10
行销范围	品牌产品被其他国家所认可	25
品牌保护	品牌受法律保护程度	5

2. 企业信用资本的“品牌价值”评估模型

参照 Interbrand 模型的品牌价值评估方法，结合 Asiabrand 法所确定的品牌收益率和相关品牌要素的关系以及相应指标体系，本研究提出了企业信用资本的“品牌价值”评估模型。

模型设计的基本逻辑为：①根据诸多品牌价值评估理论与品牌价值评估实务模型（比如 Interbrand 模型），品牌强度与品牌价值存在正相关关系。②Asiabrand 法通过大量企业调查数据，确定了企业信用度为衡量品牌强度高低的八大指标之一，因此企业信用度影响品牌价值，且两者正相关。③比较企业信用度与其他七大指标的相对重要性，得出企业信用度占衡量品牌强度八大指标的权重，以及企业信用度对品牌强度的贡献比例。由于品牌强度和品牌价值正相关，企业信用度对品牌强度的贡献可以视为其对品牌价值的贡献比例（虽然存在 S 形曲线，但所占比例不变），即信用贡献度 G。④用“信用贡献度 × 品牌价值”，即得出在企业品牌信用度满分的情况下，信用资本所带来的品牌价值。⑤用“企业品牌信用度满分情况下信用资本所带来的品牌价值 × 特定企业的品牌信用度”，即得出该企业信用资本的“品牌价值”。

（1）模型概述。

$$V = P \times S \times G \times C \tag{4.5}$$

其中，V 为企业信用资本的品牌价值；P 为品牌收益；S 为品牌乘数；G 为信用对品牌价值的贡献度；C 为企业品牌信用度；

（2）参数确定。

①品牌收益。品牌收益的分析计算过程：首先计算出企业的收益，其次计算出无形资产所带来的收益，最后计算出品牌带来的收益比例。

②品牌强度。在模型当中，影响企业品牌强度的因素有七个，分别为：市场力（10%）、稳定力（15%）、领导力（25%）、国际力（25%）、趋势

力（10%）、支持力（10%）、保护力（5%），因素打分最大值是 100，采用专家打分法对被评估品牌七因素表现程度进行打分，对打分结果进行数据分析计算得出被评估品牌的品牌强度，如表 4.4 所示。

表 4.4　Interbrand 品牌价值评估模型中的品牌强度因子构成与权重

评价因素	含义	权重（%）
市场力	待估品牌在市场的成长性和稳定性	10
稳定力	待估品牌维护消费者特权的能力	15
领导力	待估品牌在市场中的地位	25
国际力	待估品牌超越地理文化边界的能力	25
趋势力	待估品牌对行业发展趋势的影响力	10
支持力	待估品牌所获得的持续投资及重点支持程度	10
保护力	待估品牌的合法性及受保护的程度	5

市场力，不同行业不同类别的市场性质都有一定的区别。一般来说，日常消费品等得分较高，因为在高科技领域、垄断领域，消费者选择该商品的主要原因是技术或垄断，而日用消费品的选择相对主观的，有品牌影响在里面。

稳定力，它表明的是品牌的发展历史厚度，一个品牌经过长期的发展，深耕于消费者心中，具有稳定性，必然成为人们生活中必不可少的一部分，因此得分也比较高。

领导力，它表明的是品牌在对应行业以及市场上的主导力，如对于定价权的掌握程度、对销售渠道的控制程度、排他能力等。品牌的市场地位越高，掌控程度越高，品牌得分就越高。

国际力，它表明的是品牌对于跨区域跨文化的能力，表明品牌的可被接受程度。如：可口可乐在全球畅销，而咖啡在中国的接受程度相对不高。一般情况下，销售范围越广，所受限制也越少，带来的外汇以及各项收入也就越多，最终得分也越高。

趋势力，它表明品牌的发展前景如何。品牌与社会发展方向如果把握一致，那么其品牌竞争力，则会越来越强。因此品牌同社会发展趋势一致性程度越高，其品牌得分就越高。

支持力，它表明品牌发展受到的支持程度，该品牌是否为企业长期发展和重点投资的对象。具有被投资者长期投资价值潜力的品牌，其得分就更高。

保护力，它表明品牌的各项法律权属是否完整清晰，受法律保护程度如何。程度高者，相对得分高。有特殊保护，特殊法律权属者得分更高。

③品牌乘数。品牌乘数是基于品牌强度进行计算的。Interbrand 公司通过大量的品牌评估案例进行数据分析研究，量化对比后发现，品牌强度、品牌价值与品牌乘数存在正态关联分布；而且得出品牌乘数与折现率之间具有较大的关联性；所以在 Interbrand 品牌评估模型当中，采用 S 形曲线图例来指代品牌强度与品牌乘数之间的函数关系。二者的函数关系为：

$$\begin{cases} 250y = x^2, \ x \in [0, 50] & (4.6) \\ (y-10)^2 = 2x - 100, \ x \in (50, 100] & (4.7) \end{cases}$$

其中，x 为品牌强度，y 为品牌乘数（品牌强度倍数），通过七因素计算出的品牌强度代入公式当中，即可计算出品牌乘数。品牌乘数与折现率之间具有较大的关联性，在 Interbrand 公司研究中发现，品牌乘数与贴现率之间互为倒数关系，即 $i = 1/S$，如图 4.1 所示。

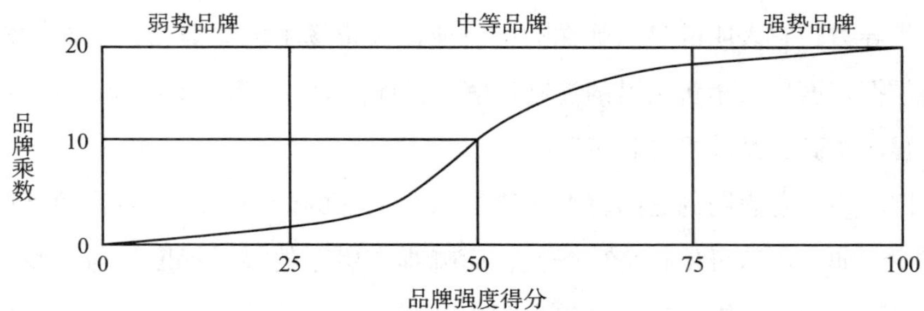

图 4.1　品牌乘数关系

可以看出，品牌强度与品牌价值成呈相关关系，品牌强度越大，品牌价值就越大。

④信用对品牌价值的贡献度。品牌是一个企业核心竞争力的直接体现，信用作为一种无形的力量，在企业品牌建设中扮演着举足轻重的作用，信用有助于形成长期、稳定的品牌价值，是品牌价值的重要影响因素。

信用对品牌价值的贡献度是指企业良好的信用所形成的社会信誉或声誉给企业品牌所带来的价值贡献，也就是在诸多品牌价值贡献要素中，企业信用资本对品牌价值贡献的份额占品牌总价值的比重。本研究借鉴 Asiabrand 法所采用的衡量品牌强度的八个维度指标，采用问卷调查的方法来确定企业信用在八个衡量品牌强度的指标中的权重，即为信用贡献度，具体计算过程见本章案例部分。

⑤企业品牌信用度。关于企业品牌信用度，它的影响要素有很多。产品和服务的质量是影响消费者对企业信任度的重要因素。除了消费者的角度，还可以从政府、合作方的角度评判，以税收、合同履行情况、员工福利发放等指标为依据。除了这些要素，企业自身对品牌的管理也会有影响，通过大量的广告宣传可以在短时间内建立品牌信用，其中不同的传播途径也会有不同的效果，需要专业人士评判。另外，企业的经营状况也要保持良好，否则没有足够的财力支撑。因此本研究借鉴团体标准《T/NDAS 23 – 2020 企业品牌信用评价指标体系》，将品牌信用度的主要影响因素分为四大类，分别是：a. 质量管理，包括服务和产品；b. 信用管理，主要是企业与其他组织，个人的来往交易上是否有不良记录，以及其他各种影响信用度的行为情况；c. 经营状况，现在的财务状况如何；d. 品牌管理，指企业对品牌所作出的投资等。

指标的评判依据如下：

质量管理：包括产品质量信用和服务质量信用。其中，产品质量评判依据有产品的制造水平、企业的生产设备和工艺、产品认证情况、企业产品合格率情况、企业近三年产品质量安全事件情况、产品抽检情况、质量控制体系的建立。服务质量信用可以看售后服务、服务网点建设及运营的情况。

经营状况：分析品牌企业的相关财务指标，如企业的市场占有率、管理制度、发展前景等。

信用管理：履约能力上，是否拖延员工工资，是否提供福利，是否履行与金融机构、合作商、供应商的合约；公信力上，纳税情况、年检情况、涉及的诉讼案件情况、获得的荣誉和不良记录情况、参与的公益慈善活动情况等。还有承诺的目标性、可验证性、信息充分性、完成程度。承诺的目标性是指判断品牌作出的承诺是否有针对性，是否符合一类人的需求。承诺的信息充分性，指产品的成分、规格、质量、构造等信息是否说明清楚，例如应当注明食品内含孕妇不可食用的食品添加剂。难以验证的有网络费用、话费等。

品牌管理；宣传上是否有权威性，通常官方新闻媒体主动、免费为产品作正面报道，可信度较高，而商业广告形式的可信度较低。另外，消费者在网络平台中作出正面评价也是一种可信度较高的宣传方式。这样一来，相同内容在不同的传播途径所产生的信用程度是不同的。因此，当新产品进入市场时，如果能够获得新闻媒介的正面报道，将会大大提高该产品的信用度。

各要素满分均设为 25 分。具体如表 4.5、表 4.6 所示。

表 4.5　　品牌信用度指标

质量管理	产品质量信用	产品的制造水平、企业的生产设备和工艺、产品认证情况、企业产品合格率情况、企业近三年产品质量安全事件情况、产品抽检情况、企业建立的质量控制体系
	服务质量信用	可以看售后服务、服务网点建设及运营的情况
经营状况	财务指标	资产负债率、流动比率、资产净利率等财务指标
	发展状况	国内外市场占有率、前景规划、在行业中的地位、行业影响力、管理状况

续表

信用管理	履约能力	是否拖延员工工资，是否提供福利，是否履行与金融机构、合作商、供应商的合约
	公信力	纳税情况、年检情况、涉及的诉讼案件情况、获得的荣誉和不良记录情况、参与的公益慈善活动
	承诺管理	承诺的目标性、可验证性、完成程度、信息充分性
品牌管理	品牌宣传	宣传的费用、宣传的权威性
	品牌保护	企业拥有的专利和商标
	品牌名声	是否获得荣誉、合作方和消费者的评价

表 4.6　品牌信用指标评价依据

质量管理	21～25 分：工艺技术，产品质量在行业中排名前列，质量控制体系完善，三年内无重大产品质量问题，产品不合格率低，消费者满意度高
	11～20 分：产品质量技术一般，不合格率一般，三年内没有或出现一件重大质量问题
	0～10 分：质量技术差，售货充斥着劣质不合格品，三年内出现两次以上重大质量问题
经营状况	21～25 分：经营状况和发展前景良好，市场占有率高，规模大
	11～20 分：经营状况和发展前景一般，市场占有率不高，规模一般
	0～10 分：经营状况和发展前景不好，产品销售不出去，规模小
信用管理	21～25 分：无偷税漏税行为，无重大违约行为，无不良记录，获得过荣誉，合作商评价高，参与公益，能够作出符合消费者需求的承诺并兑现
	11～20 分：无偷税漏税行为，无重大违约行为，无不良记录，合作商无差评，能够兑现承诺
	0～10 分：存在税务问题、重大违约行为，以及其他不良记录，作出的重大承诺没有兑现
品牌管理	21～25 分：在同行中，宣传费用支出高，宣传具有权威性，无负面新闻，合作方和消费者满意度高，拥有一定的专利和商标数量
	11～20 分：宣传费用不高，有负面新闻，合作方和消费者满意度一般，没有或者拥有少量的商标、专利
	0～10 分：没有进行或者极少宣传，合作方和消费者总体评价不好，没有或者拥有少量的商标、专利

4.2.3 企业信用资本“品牌价值”评估案例

1. 公司品牌简介

ABC 电器股份有限公司（以下简称“ABC 公司”）销售的产品有家用空调、中央空调、热水器等。公司品牌拥有高知名度，多途径的营销渠道和高水平的研发能力，掌握了行业中中高端产品的定价权，均价高于行业水平。2018 年，ABC 公司以 98.835 的信用指数，位居年度中国企业信用 500 强第三，在行业中是信用指数最高的企业，还荣获“2021 中国消费者品牌榜十大品牌”。ABC 公司注重创新，是中国空调行业中拥有专利技术最多的企业，连续两年登上《财富》世界 500 强，以及多个品牌榜单，是世界知名品牌。

2. 品牌收益

品牌价值评估基准日设定为 2019 年 12 月 31 日。首先，根据 ABC 公司 2017 ~ 2019 年公司财务报表求出 2017 年、2018 年和 2019 年三年的加权平均无形资产收益，如表 4.7 所示。然后，计算出相应的品牌收益。

表 4.7　　加权平均无形资产收益计算表

指标	2017 年	2018 年	2019 年
营业收入（万元）	14828645	19812317.7	19815302.8
营业成本（万元）	9956291.3	13823416.8	14349937.3
营业利润（万元）	4872353.7	5988900.9	5465365.5
流动资产（万元）	17153464.6	19971094.9	21336404.1
固定资产（万元）	1746737.1	1838576.1	1912193.1
有形资产（万元）	18900201.7	21809671	23248597.2

续表

指标	2017 年	2018 年	2019 年
期末总资产（万元）	21496799.9	25123415.7	28297215.7
期初总资产（万元）	18237399.0	21498790.7	25111649.0
平均总资产（万元）	19867099.45	23311103.2	26704432.35
总资产报酬率（%）（营业利润÷平均总资产）	24.52	25.69	20.47
有形资产收益（万元）	4635224.6	5603165.0	4758089.6
无形资产收益（万元）	237129.1	385735.9	707275.9
权重	1	2	3
加权平均无形资产收益（万元）	521738.1		

资料来源：2017 年、2018 年、2019 年 ABC 公司财务报告。

品牌作用指数不是本次研究的重点方向，本书中将其作为已知参数。根据查阅的资料，取值为 16.36%。

品牌收益 = 521738.1 × 0.1636 = 85356.4（万元）。

3. 品牌强度

此处采用 Interbrand 模型中对品牌强度进行评价的指标体系，运用打分法对影响品牌强度的七个因子进行打分，具体打分结果如表 4.8 所示。

表 4.8　　品牌强度打分表

要素	分数
市场力	9.2
稳定力	13.5
领导力	23.5
国际力	21.0

续表

要素	分数
支持力	9
趋势力	9
保护力	4.5
总分	89.7

（1）市场力。

ABC 公司的目标市场比较稳定，多途径的营销渠道和高水平的研发能力构建起了较高的市场壁垒，并且具有行业最完备的生产链和全面的配套设备核心技术，电器的生产规模排名全球第一，形成规模经济，降低了生产成本，确保高效地生产出适应时代潮流、满足消费者需求的产品。

（2）稳定力。

ABC 公司在发展过程中，一直以消费者的利益作为决策的落脚点，追求产品的高质量以及做好顾客的售后服务，至今已经有 28 年。在国内是最早进入家电市场的企业之一，现在已经创造出能够控制监管的核心技术和销售渠道，获得了国内大部分消费者的认可，但是与国外家电企业相比，发展的时间还相对较短。

（3）领导力。

2012 年，ABC 公司打破了欧美、日韩产品的垄断局势，连续九年领跑国内市场，空调生产规模世界第一，销售额国内排名第一，因此 ABC 公司的领导力是很强的。但是在国内还有一个很强的竞争对手，除了空调这个主打产品，其他像洗衣机，冰箱等产品的市场份额还不够高，竞争性略弱。

（4）国际力。

2019 年，ABC 公司在国际市场上硕果累累，国际品牌影响力持续扩大，参与了多个海外大型工程，同时还协助进行了多个海外援助项目。ABC 公司

2019 年举行“ABC 公司成就未来”第三届海外经销商大会，加强与全球经销商的交流合作。但 ABC 公司仍有进步的空间，2018 年家电企业当中其海外市场营业收入并非最高，且占总收入的比例仅 15% 左右。

（5）支持力。

ABC 公司一直把打造世界一流空调品牌作为目标，在实现这一目标的过程中。坚持投入研发技术，是中国空调行业技术投入成本最高的企业，具有世界最大的研发基地和国家公共研发平台，一直力求满足消费者的需求，它的空调产品受社会广泛认可，支持力度强。

（6）趋势力。

ABC 公司坚持建造世界领先工业企业，打造全球品牌的企业规划，独立创新，生产和培养人才；提高研发技术和效益，把科技创新作为驱动力；加快营销模式转型升级，全面拓展营销渠道；提高资金运营管理质量。在行业中的技术和管理领域起到引领带头作用，符合行业的发展方向。

（7）保护力。

ABC 公司是中国空调行业中拥有专利技术最多的企业。基于国家知识产权局统计的数据，在 2019 年发明专利授权量的国内企业名单中，ABC 公司以 1739 件的专利授权量位居第六。

4. 品牌乘数

根据式（4.7），得出品牌乘数 $S = \sqrt{2 \times 89.7 - 100} + 10 = 18.91$。

5. 信用贡献度

（1）调查问卷的设计及发放。

为了收集测量企业信用对品牌强度影响的数据，根据 Asiabrand 法，采用的衡量品牌强度的八个维度指标（A1 品牌文化、A2 质量和服务水平、A3 创新引领性、A4 品牌稳定度、A5 品牌领导力、A6 客户关系程度、A7 法律保护度和 A8 企业信用度）来设计调查问卷内容。

本研究问卷内容设计如下：在对 ABC 公司的品牌价值进行评估中，下列关于品牌强度的影响因素中，请按照您心目中各项因素的重要性进行排序。例如，您觉得在影响品牌强度的八个因素中“质量和服务水平”排在第一位，在该项前的括号内标记“一”；如果觉得第二重要因素是企业信用度，则将它排在第二位，在该项前的括号内标记“二”，以此类推。

（　）A1 品牌文化

（　）A2 质量和服务水平

（　）A3 创新引领性

（　）A4 品牌稳定度

（　）A5 品牌领导力

（　）A6 客户关系程度

（　）A7 法律保护度

（　）A8 企业信用度

（2）收集调查问卷，整理调查结果。

本次调查采用的方式是“问卷星”网络问卷，调查时间从 2021 年 1 月 8 日开始，到 2021 年 3 月 7 日结束，共发放 260 份问卷。调查对象包括品牌管理专家、品牌价值评估师、信用管理专家、企业高管、企业信用管理人员、消费者等，以及来自品牌管理与评价的第三方机构、高校和科研院所、企业和社会人员。本次调查收回的问卷总数为 230 份，其中，有效问卷数 220 份。统计结果如表 4. 9 所示。

首先，根据各项因素的重要性对数据赋值，j 为一，赋值 =8；j 为二，赋值 =7；j 为三，赋值 =6；j 为四，赋值 =5；j 为五，赋值 =4；j 为六，赋值 =3；j 为七，赋值 =2；j 为八，赋值 =1。

表 4.9　　　　　　　　　　　信用贡献度的赋值

因素 i	一	二	三	四	五	六	七	八
*A*1	19	18	24	25	26	14	26	68
*A*2	80	41	20	20	18	15	14	12
*A*3	24	31	55	34	16	26	20	14
*A*4	16	17	28	22	26	50	34	27
*A*5	27	20	26	51	35	16	22	23
*A*6	20	58	21	20	26	24	26	25
*A*7	22	17	23	18	28	35	45	32
*A*8	12	18	23	30	45	40	33	19
赋值	8	7	6	5	4	3	2	1

其次，将各数据相应的调查对象人数与得分相乘之后再相加，结果如下：

$$A_i = \sum_{j=1}^{8} A_{ij} \times L_j \text{ , } i=1,\ 2,\ 3,\ 4,\ 5,\ 6,\ 7,\ 8$$

得出：$A1 = 813$，$A2 = 1304$，$A3 = 1105$，$A4 = 874$，$A5 = 1022$，$A6 = 1045$，$A7 = 862$，$A8 = 895$。

再次，计算 Ai 的总和 T。

$$T = \sum_{i=1}^{8} A_i = 7920$$

最后，计算各影响因素在 T 中所占比例 B：

$B1 = 10.27\%$，$B2 = 16.46\%$，$B3 = 13.95\%$，$B4 = 11.04\%$，$B5 = 12.90\%$，$B6 = 13.19\%$，$B7 = 10.88\%$，$B8 = 11.30\%$。

综上所述，信用贡献度为 11.30%。

6. 品牌信用度

（1）质量管理。

关于产品质量信用，2019 年，在第四届全国质量创新大赛中，ABC 公司的作品荣获一等奖，并在同年的国际质量创新大赛年度会议上荣获大型企业创新类别二等奖。因此 ABC 公司的制造水平达到行业中的顶尖。ABC 公司一次交验合格率达到近 100%，产品故障率连年大幅度下降。但除了主打产品空调外，其他一些产品还需要改进，例如小型风扇，还存在噪声大、不稳固等问题。

关于服务质量信用，2019 年，中国标准化研究院顾客满意度测评中心发布的空调顾客满意指数调查分析报告表明，ABC 公司空调顾客满意度为 81 分，得分最高，连续 9 年位居行业第一。同时，2019 年 ABC 公司空调忠诚度远高于行业平均水平。总体而言，ABC 公司空调与其他品牌相比，顾客对 ABC 公司空调满意度更高。但线上销售中，ABC 公司还存在消费者不满意的问题，例如安装服务差。而且除了空调外，其他家电产品评价一般。

（2）经营状况。

ABC 公司是一家研发技术先进、财力雄厚、规模极大的国际企业，销售产品有空调、风扇、冰箱、热水器、手机等。其中空调的销售量在空调市场中占比最大。但海外市场总的营业收入低于其他一些品牌，还有开拓的空间。

下面是 ABC 公司以及 DEF 公司之间主要财务指标的比较。其中，ABC 公司销售增长率、销售净利率比 DEF 公司更高，盈利能力处于较高水平。但其他指标并不乐观，如流动比率、资金周转率、现金流动负债率等与流动资金相关的指标就相对低一些，说明资金相对短缺。ABC 公司的应收账款周转率较高，表明 ABC 公司的应收账款周转天数极短，资金回收速度较快，应收账款管理质量高。

表 4.10　　ABC 公司与 DEF 公司相关财务指标比较　　单位：%

指标	ABC 公司			DEF 公司		
	2017 年	2018 年	2019 年	2017 年	2018 年	2019 年
资产负债率	68.91	63.10	60.40	66.58	64.94	64.40
流动比率	85.98	78.96	79.47	142.59	140.28	150.00

续表

指标	ABC 公司			DEF 公司		
	2017 年	2018 年	2019 年	2017 年	2018 年	2019 年
销售净利率	15.00	13.19	12.38	7.69	8.27	9.05
资产周转率	75.51	85.81	75.08	115.56	102.31	98.78
应收账款周转率	33.80	29.39	24.56	15.54	14.07	14.62
销售额增长率	36.24	33.33	18.75	51.35	8.77	6.71
总资产增长率	17.87	16.86	15.37	45.38	6.29	14.51
净利润增长率	44.60	17.20	-5.88	17.33	16.33	16.75
现金流动负债率	11.09	17.09	16.45	20.52	21.39	26.74

资料来源：2017 年、2018 年、2019 年 ABC 公司财务报告。

（3）信用管理。

ABC 公司对售后保修等方面作出的承诺能够严格兑现，并且对产品的成分、规格、质量、构造等信息说明清晰，包含产品适用或者不适用范围、产品配套详细说明书等。根据调查，ABC 公司无失信行为，没有因自身不良行为而引发的诉讼案件。

（4）品牌管理。

关于 ABC 公司的报道，除了商业广告之外，人民日报曾发布《ABC 公司用创新诠释“品质革命”》一文，具有一定的权威性。ABC 公司所拥有的国内专利已达到 62116 项，国际专利达到 1970 项。另外，ABC 公司所获得的多项技术中，有 28 项属于国际领先地位，涉及了多个产业领域。为了让员工专心投身事业发展，ABC 公司实施“一人一套房”政策。同时，ABC 公司空调获得“采购人最喜爱的品牌奖”，表明 ABC 公司的品牌管理具有较高水平。然而 ABC 公司在 2019 年之前被经销商曝光串货现象严重，并且在 2016 年发生枣庄空调爆炸事件，对品牌有一定影响。

根据专家打分结果，得到 ABC 公司品牌信用度为 93%，如表 4.11 所示。

表 4.11　　品牌信用强度打分表

要素	分数
质量信用	23
信用管理	25
经营状况	23
品牌管理	22
总分	93

7. 结论及分析

根据 Interbrand 模型，ABC 公司品牌总价值 = 85356.4 × 18.91 = 1614088.662（万元）= 161.41（亿元）。

在 ABC 公司品牌总价值中，企业信用资本贡献了多少价值呢？根据本研究提出的“基于 Interbrand 模型推导的企业信用资本品牌价值评估模型”，ABC 公司企业信用资本的“品牌价值” = 85356.4 × 18.91 × 11.30% × 93% = 16.96（亿元）。可以看出，ABC 公司企业信用资本对企业品牌价值的贡献为 16.96 亿元。

基于 Interbrand 模型推导的企业信用资本品牌价值评估模型，还可以进行边际效应分析，比如企业信用度上升一个百分点，企业品牌价值上升多少。这种分析有助于企业进行信用资本的投资决策。

比如，在目前 ABC 公司信用度为 93% 的情况下，其信用度上升 1 个百分点，ABC 公司品牌价值将在 161.41 亿元的基础上，增加 18.24 亿元，增长到 179.65 亿元。从量化数据可以看出，ABC 公司应尽力提高企业信用，这将给企业品牌带来巨大价值提升。

4.2.4　模型评价与评估结果应用

本节构造的企业信用资本“品牌价值”评估模型，是以世界品牌价值评估领域公认的 Interbrand 模型为基础，结合 Asiabrand 法所确定的品牌收益率和相关品牌要素的关系以及相应指标体系构建而成。模型具有较强的理论基础，同时具有较强的适用性、可操作性，能够较清楚地反映出企业信用这一因素为企业品牌价值所作的贡献，使企业管理者了解如果企业信用下降，会对企业品牌价值造成多大的价值损失。

模型还能进行边际效应分析，比如，在企业目前信用状况的基础上，企业投资积累信用资本，使其信用资本上升一个百分点，企业品牌价值上升多少。这种边际效应分析有助于企业进行信用资本的投资决策和品牌价值管理。

4.3　企业家个人信用资本的“品牌价值”评估

企业家要做诚信守法的表率。2020 年 7 月 21 日习近平总书记在企业家座谈会上指出：“法治意识、契约精神、守约观念是现代经济活动的重要意识规范，也是信用经济、法治经济的重要要求。企业家要做诚信守法的表率，带动全社会道德素质和文明程度提升。”[①] 构建企业家个人信用资本“品牌价值”评估测度模型，量化企业家个人信用的价值，有利于企业家提高信用意识，做社会诚信守法的表率。

4.3.1　企业家个人品牌

1. 个人品牌

个人品牌是指个体通过外在形象和内在修养所传达的独特、确定、可感

① 习近平著作选读（第二卷）［M］. 北京：人民出版社，2023：322.

知的信息集合。个人品牌具有能够使一类人群消费态度或模式改变的力量，有完整性、长期性、稳定性等特点。

美国管理学学者彼得斯（Peters）有一句被广泛引用的名言："21 世纪工作的生存法则是建立个人品牌。"他认为，不仅公司和产品需要建立品牌，个人也需要建立品牌。这句话的广泛传播说明了个人品牌已经越来越被人们重视。

2. 企业家个人品牌价值

个人品牌价值实际上是个人商业价值的综合体现，它是一种无形资产。

（1）企业家对企业的重要性。

企业家是企业的灵魂人物，他们不仅是企业的创始人，也是企业航行的"舵手"。企业家作为企业的重要管理者和领导者，直接影响企业的未来。企业家作出的决策是企业行动的指南，在企业发展中起着重要作用。与此同时，作为企业的"领头羊"，企业家往往是企业文化及经营理念的创新源泉。除此之外，企业家形象通常与企业形象密切相关。企业家作为社会公众人物，会受到企业内部和企业外部人员的关注，企业的规模越大企业家受到的关注越多，企业家的影响力也越大。

（2）企业家个人品牌及其与个人信用的关系。

企业家个人品牌指的是企业家以自身为传播的载体，依靠自己的个性特点、个人理念和职业成就，在社会公众的心目中逐渐形成特有的印象和情感，它也是一种能够被转变成商业价值的独特的资源。信用是一种无形资产，并且是需要不断累积却又容易被消耗且一击即破的资产。企业家个人品牌价值的高低在某种程度上取决于企业家的个人信用，如果企业家的个人信用良好，这必定会为企业家个人品牌加分；反之，如果企业家存在失信的情况，就会对企业家个人品牌产生不好的影响。个人信用的好坏直接影响企业家个人品牌的生死存亡，个人信用的高低也会影响该企业家个人品牌的发展潜能。因此，在考虑品牌价值时应当充分考虑个人信用对企业家个人品牌产生的影响，将个人信用作为评价企业家个人品牌价值的重要因素之一。

（3）企业家个人品牌对企业的影响。

研究表明，企业家个人品牌作为企业的无形资产，不仅可以提高客户满意度和员工忠诚度，还可以影响消费者对品牌的评价，进而影响消费者的品牌行为。实际上，在企业品牌建设过程中，如果企业家能够有效利用自身独特的品牌资本，进行有效的品牌价值传播，企业品牌资产的价值就会得到一定程度提升。

成功企业的背后往往都离不开杰出的企业家，以及一个有价值的品牌。企业家个人品牌具有超出企业的财富价值，对整个社会而言，也是一种精神财富，因此更需要诚心实意地经营打造。根据社会大众普遍的“爱屋及乌”的心理，企业家获得的消费者好感往往可以移植于其企业的产品和服务，能够建立起更好的个人品牌的企业家，其形象可以融入公众价值，可以在企业差异化竞争中拔得头筹，能够更形象和生动地塑造个性化企业及产品，取得市场差异化定位和有利的市场优势。企业家个人品牌是一种品牌无形资产的代表，与企业有形资产之间具有内生联系。科学地、有组织地推广企业家个人品牌，就是对企业品牌的强化推广，对企业品牌进入市场和影响消费者决策及消费意识具有积极作用。企业家在公众眼中代表着企业，他们利用自己的知名度和美誉度为企业赢得宣传机会，其实就是在为企业做广告。对于企业招聘和企业管理而言，企业家良好的个人品牌是社会信任度高的表现，能够广泛吸纳外部人才和促进企业内部人员对企业认同，同时降低企业运营成本。企业家拥有良好的个人品牌，在企业公关关系的处理上，也有着十分重要的作用，包括维系企业和消费者之间的情感，加强企业与生产链各环节利益关系的维护，以及关于良好政商关系的塑造。

（4）企业家个人品牌价值的影响因素。

企业家个人品牌价值受企业盈利能力、企业家个人品牌对企业的贡献指数、企业家个人品牌强度以及企业家个人信用度等因素影响。

①企业盈利能力。

企业盈利能力越强，企业家个人品牌价值也越大。企业综合超额年收益是可以用来确定企业盈利能力的。采用企业超额年收益作为计算口径有以下几点原因：其一，企业家个人品牌价值是通过企业经营业绩和盈利水平反映的；其二，采用税前收益计算可以忽略不同地区税收政策不同产生的影响，使计算具有一致性；其三，由于企业家个人品牌属于无形资产，因此采取扣除成本、费用后的收益进行计算实际上是剔除了有形资产收益，因此计算出的超额收益基本上是由企业无形资产创造的；其四，对于收益的预测，越接近评估基准日的收益对未来收益预测的影响越大，因此企业超额收益应通过企业近 3 年超额收益依次按 1、2、3 的权重进行加权平均值计算。

②企业家个人品牌对企业的贡献指数。

企业家个人品牌对企业贡献越大，其价值也越大。企业家个人品牌对企业的贡献指数是衡量企业家个人品牌对企业收益的贡献，是企业家个人品牌对企业贡献作用程度的一种合理预期。企业家个人品牌贡献指数将企业家对企业产生的收益从无形资产的超额收益分离出来，避免将其他无形资产收益算作企业家个人品牌收益。由于企业超额收益受到多种无形资产的影响，因此应当将企业家个人品牌贡献从全部无形资产带来的企业超额收益中分离出来。

③企业家个人品牌强度。

企业家个人品牌的稳定性越强，其价值越大。企业家个人品牌强度是比较被评估企业家与其他企业家地位的一种指标，目的是衡量企业家个人品牌将其未来收益变为现实收益的风险。本研究依据企业家个人品牌的特征选取合适的指标对企业家个人品牌强度进行计算。

对企业家个人品牌强度进行指标设计，主要考虑企业家综合素质。企业家综合素质就像是产品质量一样决定了品牌的档次以及寿命，本研究参考美国普林斯顿大学教授鲍莫尔（W. J. Banmal）的研究，通过十个要素对企业家综合素质进行评估，具体要素指标见图 4. 2。

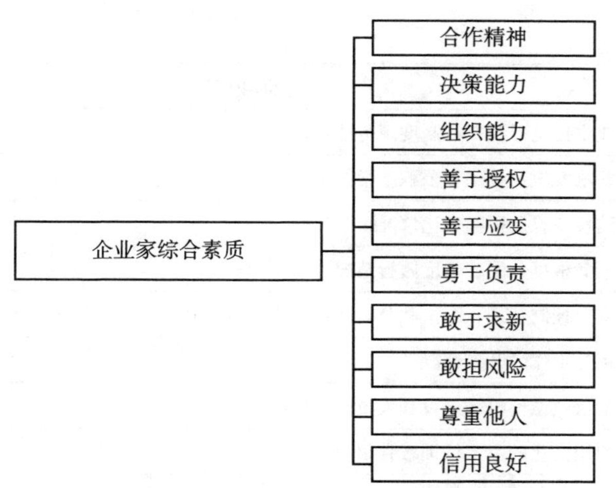

图 4.2　企业家个人品牌强度（即企业家综合素质）指标体系

④企业家的个人信用度。

企业家个人品牌与企业家个人信用之间的关系非常密切，企业家个人信用对企业家个人品牌价值有着直接的影响。企业家个人信用度与企业家个人品牌的关系属于正相关关系，如果企业家个人信用良好则会带动企业家个人品牌的发展，反之如果企业家个人信用出现危机时也会对企业家个人品牌造成负面的影响。因此，本研究参考《诚信企业家评价通则》①，构建了企业家个人信用度指标体系，如表 4.12 所示。

表 4.12　企业家个人信用度指标体系

评价指标	具体内容
基本条件	企业家个人公共信用情况，主要为遵纪守法、合法经营情况
	企业家职业情况，包括工作年限、工作契约、个人职业信誉情况等
	社会荣誉情况，包括个人和企业的荣誉
	企业生态建设及绿色发展、资源节约相关产业发展等情况

① DB37/T 4120－2020《诚信企业家评价通则》（山东省地方标准）。

续表

评价指标	具体内容
财务管理	企业成本控制以及核算制度规范性建设情况
	员工薪酬发放及社保和公积金缴纳情况
	企业纳税情况及税额变化情况
	企业债务根据合同、额度履行情况
	企业支出控制管理，个人和公司费用支出，对外及股东财务信息公布情况
	企业审计工作的开展情况
文化信用建设	相关征信及诚信机构建设和人员结构情况
	有关信用文化的员工培训教育情况
	员工关于信用文化的认知情况
	信用体系的建设成熟性情况
	信用因素及相关风险的科学性评估、信用制度合理实施的情况
	信用文化建设体系完整性，包括目标与措施
	信用报告的应用情况
	企业工商资料、市场活动、合同履行、社会公益等信用信息的公开情况
企业社会责任	企业社会责任报告的发布情况
	劳动法规和国家相关保障政策的执行情况以及劳动合同的合法签订执行情况
	企业产品质量、安全、服务情况
	企业有关绿色生态，资源节约发展的合规性情况
	企业社会公益慈善等活动开展情况
	企业公共安全等相关建设完整性情况

4.3.2 企业家个人信用资本品牌价值评估模型

通过对国内外现有评估方法的研究发现，以往的品牌评估方法中有很多运用了“品牌价值 = 品牌收益 × 品牌强度”模型来评价品牌价值。本研究的品牌是针对企业家而言的，企业家个人品牌是为企业的生存发展服务的，其价值应通过企业收益来计算，而企业家综合素质和企业家个人信用与企业家个人品牌的价值是息息相关的，基于此，对企业家个人品牌价值进行评估时，在品牌强度中应当从企业家综合素质和企业家个人信用指数两方面进行考虑。本研究参照郭江丹（2009）评估企业家个人品牌价值的模型①，并考虑企业家个人信用度对企业家个人品牌强度的影响，构建了如下评估模型：

企业家个人品牌价值 = 企业家个人品牌超额收益 × 企业家个人品牌强度 × 企业家个人信用对品牌的贡献度 × 企业家个人信用分

企业家个人品牌超额收益 = 企业综合超额年收益 × 个人品牌对企业贡献值指数

1. 确定企业综合超额年收益

由于越接近评估基准日的企业收益对企业未来收益预测的影响越大，因此对企业近三年的超额收益依次按 1、2、3 的权重取加权平均值来预测企业综合超额年收益。具体计算如下：

$$M_n = M'_n \times (R_n - R'_n) \tag{4.8}$$

其中，M_n 为第 n 年企业超额年收益；M'_n为第 n 年企业年收益；R_n 为第 n 年企业净收益率；R'_n为第 n 年行业净收益率。

$$M = (1 \times M_{n-2} + 2 \times M_{n-1} + M_n)/(1+2+3) \tag{4.9}$$

其中，M 为企业综合超额年收益；M_n 为第 n 年企业超额年收益；M_{n-1}为第 $n-1$ 年企业超额年收益；M_{n-2}为第 $n-2$ 年企业超额年收益。

2. 个人品牌对企业贡献值指数

运用层次分析法计算个人品牌对企业贡献值指数，基本思路为：将“确定不同无形资产在组合无形资产价值中的权重”作为层次分析法的总目标，再将各种不同无形资产作为方案层的各个要素，将超额收益产生的原因作为

---

① 郭江丹．企业家个人品牌价值评估体系研究［D］．南京：南京财经大学，2009.

准则层的要素。层次分析法通常包括四个步骤：

第一步，建立层次结构模型。

通过分析，可以确定带来超额收益的无形资产大致有企业家个人品牌、企业品牌、管理水平、专利技术，能够带来超额收益的直接原因是销售增长、价格优势、竞争力提高、成本降低，如表 4. 13 所示。

表 4. 13　　层次结构模型

目标层	确定企业无形资产收益权重			
准则层	销售增长	价格优势	竞争力提高	成本降低
方案层	企业家个人品牌	企业品牌	管理水平	专利技术

第二步，构造判断（成对比较）矩阵。

第三步，层次单排序及一致性检验。

第四步，层次总排序及一致性检验。

3. 企业家个人品牌强度

首先，采用层次分析法确定各指标权重。对评价企业家个人品牌强度的八个指标按重要程度进行两两比较（如表 4. 14 所示），进行层次排序确定各指标权重并进行一致性检验。

表 4. 14　　企业家个人品牌强度指标两两比较表

指标	合作精神	决策能力	组织能力	善于授权	善于应变	勇于负责	敢于求新	敢担风险	尊重他人	信用良好	排序权重
合作精神											
决策能力											

续表

指标	合作精神	决策能力	组织能力	善于授权	善于应变	勇于负责	敢于求新	敢担风险	尊重他人	信用良好	排序权重
组织能力											
善于授权											
善于应变											
勇于负责											
敢于求新											
敢担风险											
尊重他人											
信用良好											

其次，聘请专家对企业家个人品牌强度的各个指标进行打分。

最后，将各指标分值通过加权平均计算出企业家个人品牌强度。

4. 企业家个人信用贡献度

依据上述企业家个人品牌强度评价中各指标的权重，企业家个人信用贡献度即为“信用良好”这个指标的权重系数。

5. 企业家个人信用分

本研究参照《诚信企业家评价通则》[①] 中的评价指标的设置情况以及各指标的比重，并对具体的评价指标进行了一些修改，构建了如表 4. 15 所示的企业家个人信用打分表。可聘请专家按照此表对企业家个人信用进行打分。

① DB37/T 4120－2020《诚信企业家评价通则》（山东省地方标准）。

表 4.15　　　　企业家个人信用打分表

指标	具体内容	比重（%）	分值
基本条件	企业家个人公共信用情况，主要为遵纪守法、合法经营情况	5	
	企业家职业情况，包括工作年限、工作契约、个人职业信誉情况等	5	
	社会荣誉情况，包括个人和企业的荣誉	5	
	企业生态建设及绿色发展、资源节约相关产业发展等情况	5	
财务管理	企业成本控制以及核算制度规范性建设情况	5	
	员工薪酬发放及社保和公积金缴纳情况	3	
	企业纳税情况及税额变化情况	3	
	企业债务根据合同、额度履行情况	2	
	企业支出控制管理，个人和公司费用支出，对外及股东财务信息公布情况	5	
	企业审计工作的开展情况	2	
文化信用建设	相关征信及诚信机构建设和人员结构情况	2	
	有关信用文化的员工培训教育情况	3	
	员工关于信用文化的认知情况	5	
	信用体系的建设成熟性情况	10	
	信用因素及相关风险的科学性评估、信用制度合理实施的情况	10	
	信用文化建设体系完整性，包括目标与措施	8	
	信用报告的应用情况	5	
	企业工商资料、市场活动、合同履行、社会公益等信用信息的公开情况	2	
社会责任	企业社会责任报告的发布情况	5	
	劳动法规和国家相关保障政策的执行情况以及劳动合同的合法签订执行情况	2	
	企业产品质量、安全、服务情况	3	
	企业有关绿色生态，资源节约发展的合规性情况	2	
	企业社会公益慈善等活动开展情况	2	
	企业公共安全等相关建设完整性情况	1	

4.3.3 企业家个人信用资本品牌价值评估案例

本研究选取国内知名企业 ABC 电气有限公司（以下简称“ABC 公司”）董事长甲某，按照本研究得出的评估模型，尝试对甲某个人品牌价值进行评估。

1. 甲某个人品牌概况

甲某，目前担任 ABC 公司董事长兼总裁，被誉为“商界铁娘子”。1990 年加入 ABC 公司后公司空调产销量迅速增长并跃居全国前列。她受聘为多个知名大学 MBA 校外导师，并作为慈善家她还热心公益，曾多次公益捐款，为社会公众熟知，口碑较好。由于甲某所在的 ABC 公司长期以来在技术创新、提高能源效率和防止环境恶化等方面作出了不懈努力和杰出贡献，联合国于 2019 年将其聘为“城市可持续发展宣传大使”。甲某还曾经入选《财富》全球 50 大最具影响力女性榜单。2021 年 1 月 19 日，《2021 胡润中国职业经理人榜》发布，甲某以 59 亿元人民币财富，位列第 31 名。

2. 甲某个人品牌价值评估

（1）企业综合超额年收益的确定。

根据表 4.16 可计算得出：ABC 公司企业综合超额年收益 =（1 ×109.06 + 2 ×99.41 +3 ×80.80）/（1 +2 +3）=91.71（亿元）。

表 4.16　　ABC 公司 2017 ~ 2019 年企业超额年收益

项目指标	2017 年	2018 年	2019 年
ABC 公司总收入（亿元）	1500.20	2000.24	2005.08
利润总额（亿元）	225.08	263.79	248.27

续表

项目指标	2017 年	2018 年	2019 年
销售利润率（%）	15.00	13.19	12.38
行业利润（亿元）	1169.3	1225.5	1338.7
行业销售年收入总额（亿元）	15135.7	14900.0	16027.4
行业销售利润率（%）	7.73	8.22	8.35
ABC 公司超额年收益（亿元）	109.06	99.41	80.80

数据来源：东方财富网 ABC 公司年报。

（2）甲某个人品牌对企业贡献值指数。

通过对 ABC 公司经营业绩分析，可以确定为其带来超额收益的无形资产大致有四种：企业家个人品牌、企业品牌、管理水平、专利技术，能够带来超额收益的直接原因是销售增长、价格优势、竞争力提高、成本降低。运用层次分析法对甲某个人品牌对企业贡献值指数进行分析，如表 4.17 至表 4.24 所示。

表 4.17　企业家个人品牌收益分割

目标层	企业无形资产收益			
准则层	销售增长	价格优势	竞争力提高	成本降低
方案层	企业家个人品牌	企业品牌	管理水平	专利技术

表 4.18　目标 – 准则层：确定各准则层因素在企业无形资产中的贡献

无形资产超额收益	销售增长	价格优势	竞争力提高	成本降低	排序权重
销售增长	1	4	1/3	7	0.2852
价格优势	1/4	1	1/5	5	0.1260
竞争力提高	3	5	1	9	0.5476
成本降低	1/7	1/5	1/9	1	0.0413

表 4.19　准则层 – 方案层：确定各类无形资产在销售增长中的贡献

销售增长	企业家个人品牌	企业品牌	管理水平	专利技术	排序权重
企业家个人品牌	1	1/3	4	1/5	0. 1284
企业品牌	3	1	5	1/3	0. 2527
管理水平	1/4	1/5	1	1/9	0. 0478
专利技术	5	3	9	1	0. 5710

表 4.20　准则层 – 方案层：确定各类无形资产在价格优势中的贡献

价格优势	企业家个人品牌	企业品牌	管理水平	专利技术	排序权重
企业家个人品牌	1	1/3	4	1/7	0. 1137
企业品牌	3	1	5	4	0. 2192
管理水平	1/4	1/5	1	1/9	0. 0462
专利技术	7	4	9	1	0. 6209

表 4.21　准则层 – 方案层：确定各类无形资产在竞争力提高中的贡献

竞争力提高	企业家个人品牌	企业品牌	管理水平	专利技术	排序权重
企业家个人品牌	1	5	7	1/3	0. 3023
企业品牌	1/5	1	3	1/6	0. 0969
管理水平	1/7	1/3	1	1/8	0. 0474
专利技术	3	6	8	1	0. 5534

表 4.22　准则层 – 方案层：确定各类无形资产在成本降低中的贡献

成本降低	企业家个人品牌	企业品牌	管理水平	专利技术	排序权重
企业家个人品牌	1	1/3	1/7	1/9	0. 0451
企业品牌	3	1	1/3	1/5	0. 1097
管理水平	5	3	1	1/5	0. 2073
专利技术	9	7	5	1	0. 6379

表 4.23　　目标层和准则层层次单排序和一致性检验

企业无形资产收益				
最大特征值 λ	4.2391			
归一化向量 *w*	0.2852	0.126	0.5476	0.0413
CI	0.0797			
RI（*n* =4）	0.9			
CR = *CI*/*RI*	0.0885			
CR =0.0885 <0.1，通过一致性检验				

表 4.24　　层次总排序和一致性检验

指标	销售增长	价格优势	竞争力提高	成本降低	排序权重
企业家个人品牌	0.1284	0.2527	0.0478	0.5710	0.2183
企业品牌	0.1137	0.2192	0.0462	0.6209	0.1573
管理水平	0.3023	0.0969	0.0474	0.5534	0.0540
专利技术	0.0451	0.1097	0.2073	0.6379	0.5704
λ	4.1299	4.1968	4.1950	4.2052	
CI	0.0433	0.0656	0.0650	0.0684	
RI	0.9000	0.9000	0.9000	0.9000	
CR	0.0481	0.0729	0.0722	0.0760	0.0531
一致性检验：*CR* =0.0531 <0.1，层次结果总排序具有满意的一致性					

层次总排序通过一致性检验。由此可以得出甲某的企业家个人品牌对无形资产超额收益的贡献率为0.2183，即甲某的企业家个人品牌对企业贡献值指数为0.2183。

（3）企业家个人品牌强度。

首先运用层次分析法计算综合素质各指标权重，再将各指标得分进行加权平均，最终得分为企业家综合素质，如表 4. 25 所示。

表 4. 25　　企业家个人品牌强度各指标权重

指标	合作精神	决策能力	组织能力	善于授权	善于应变	勇于负责	敢于求新	敢担风险	尊重他人	信用良好	排序权重
合作精神	1	6	5	1	1	7	1	1	1	1	0. 1377
决策能力	1/6	1	1/5	1/4	1/5	5	1/3	1/2	1	1/3	0. 0439
组织能力	1/5	5	1	1/5	1/2	4	1/3	1	1	1/3	0. 0665
善于授权	1	4	5	1	1	5	1	2	1	1/3	0. 1229
善于应变	1	5	2	1	1	7	7	5	1	1	0. 1909
勇于负责	1/7	1/5	1/4	1/5	1/7	1	1/4	1/3	1/3	1/6	0. 0202
敢于求新	1	3	3	1	1/7	4	1	3	1	1	0. 1105
敢担风险	1	2	1	1/2	1/5	3	1/3	1	1	1	0. 0735
尊重他人	1	1	1	1	1	3	1	1	1	1	0. 0861
信用良好	1	3	3	3	1	6	1	1	2	1	0. 1477
$CI=0.1489$，$RI=1.49$，$CR=CI/RI=0.0999\leqslant 0.1$，因此各指标通过一致性检验											

对甲某个人品牌强度（即综合素质）进行打分，具体得分情况如表 4. 26 所示。

表 4. 26　　甲某个人品牌强度（即综合素质）指标评分表

指标	分值	权重	得分
合作精神	85	0. 1377	11. 70
决策才能	90	0. 0439	3. 95
组织能力	90	0. 0665	5. 99
精于授权	70	0. 1229	8. 60

续表

指标	分值	权重	得分
善于应变	70	0.1909	13.36
勇于负责	90	0.0202	1.82
敢于求新	90	0.1105	9.95
敢担风险	90	0.0735	6.62
尊重他人	80	0.0861	6.89
信用良好	90	0.1477	13.29
加权平均			82.17

即甲某个人品牌强度（即综合素质）为82.17。

根据品牌强度与品牌指数的函数关系：

$$\begin{cases} 250y = x^2, & x \in [50, 100] \\ (y-10)^2 = 2x - 100, & x \in (50, 100] \end{cases}$$

将品牌强度82.17代入上式：$(y-10)^2 = 2 \times 82.17 - 100$，得出 $y = 18.02$。

个人品牌价值不同于企业品牌价值，企业寿命理论上可以假设无限期，而企业家个人在公司剩余工作年限是有限的。因此，基于企业家给公司带来超额收益来评估企业家个人品牌价值时需要考虑这种年限的影响。本研究以企业品牌乘数的20%作为个人品牌乘数。因此，甲某个人品牌乘数为18.02 × 20% = 3.6。

（4）企业家个人信用对品牌的贡献度。

依据上述对企业家个人品牌强度各指标计算的权重，企业家个人信用对品牌贡献度为“信用良好”这个指标的权重系数，因此企业家个人信用对品牌贡献度 = 14.77%。

（5）企业家个人信用分。

按照个人信用评分指标，对甲某个人信用度中各项指标一一进行打分。打分结果如表4.27所示。

表 4.27　　甲某个人信用度指标评分表

一级指标	评价指标	比重（%）	分值（分）
基本条件	企业家个人公共信用情况，主要为遵纪守法、合法经营情况	10	95
	企业家职业情况，包括工作年限，工作契约，个人职业信誉情况等	10	95
	社会荣誉情况，包括个人和企业的荣誉	10	95
	企业生态建设及绿色发展，资源节约相关产业发展等情况	5	85
财务管理	企业成本控制以及核算制度规范性建设情况	5	80
	员工薪酬发放及社保和公积金缴纳情况	5	85
	企业纳税情况及税额变化情况	5	85
	企业债务根据合同、额度履行情况	5	90
	企业支出控制管理，个人和公司费用支出，对外及股东财务信息公布情况	5	85
	企业审计工作的开展情况	5	85
文化信用建设	有关信用文化的员工培训教育情况	2	80
	信用文化建设体系完整性，包括目标与措施	8	80
	企业工商资料、市场活动、合同履行、社会公益等信用信息的公开情况	10	80
社会责任	企业社会责任报告的发布情况	5	75
	劳动法规和国家相关保障政策执行情况以及劳动合同的合法签订执行情况	2	85
	企业产品质量、安全、服务情况	3	85
	企业有关绿色生态，资源节约发展的合规性情况	2	85
	企业社会公益慈善等活动开展情况	2	85
	企业公共安全等相关建设完整性情况	1	85
加权平均		100	86.5

将甲某个人信用度各指标得分进行加权平均得出甲某个人信用度，即甲某个人信用度为 86.5。

（6）甲某个人信用资本的品牌价值。

根据公式“企业家个人信用资本品牌价值 = 企业家个人品牌超额收益 × 企业家个人品牌强度 × 企业家个人信用贡献度 × 企业家个人信用分”计算得出，甲某因个人信用资本给其带来的品牌价值 = 91.71 × 0.2183 × 3.6 × 86.5 ÷ 100 = 62.4（亿元）。

4.3.4　模型评价与评估结果应用

本节参照国家标准体系中的地方标准《诚信企业家评价通则》，设置了企业家个人信用度评价指标体系，并结合品牌价值评估原理，构建了企业家个人信用资本的“品牌价值”评估测度模型。模型具有较强的理论基础，构建思路清晰。

模型评估结果有助于企业家清楚了解自身信用状况对个人品牌价值的影响，有助于企业家提高信用意识，做社会诚信守法的表率，同时也有助于企业诚信守信。

4.4　演艺明星个人信用资本的“品牌价值”评估

4.4.1　演艺明星的失信现象

演艺明星作为公众人物，其魅力和品牌价值来自其高尚的职业操守、诚实守信的良好社会形象、文质兼美的优秀作品。演艺明星应自觉追求德艺双修，用明德引领社会风尚。然而，近年来，演艺明星频频出现重大失信事件，如学历造假、偷税漏税、流量造假、依靠人设过分博取话题、不执行法院判决等，在社会上造成了极其恶劣的负面影响，与我国社会主义核心价值观导向严重背离。

4.4.2 演艺明星个人品牌价值类型

1. 社会价值

良好的明星形象和定位对于社会风气、青少年粉丝的成长等都能起到良好的宣传引导作用，也更容易受到广告商和品牌方的青睐，借此打开知名度、获得价值提升，形成一个正向的循环。目前许多粉丝受到明星的影响，为了明星的大众风评着想，会将过往常规的投放广告大屏、赠送名牌礼物等粉丝应援活动改为以后援会的名义捐赠山区公益小学、设立公益基金会等活动，形成正向的社会影响，对于国家的弱势群体发展也能够起到支撑作用。

2. 文化价值

明星对于国家的文化传承、文化输出等方面也能有所贡献。在文化的传承展示方面，春节联欢晚会作为全国上下乃至世界瞩目的舞台，是一个优良且有力的文化输出平台。同时，优秀的舞台编排和技术展示也是近年来形成有效的对外文化输出的一种途径，一些选秀节目因为有国际友人的参与而受到更广泛关注，中国特色的节目，可谓是文化的输出展示的绝佳渠道。在国外社交网络平台 youtube 上，李子柒展示了中国田园生活和风光，以及闲居野外的生活氛围，展现了中国农家生活及织布等传统手艺。这些事例都是明星输出文化，发挥其文化价值的证明。

3. 经济价值

明星参加影视作品拍摄、广告代言、演唱会等取得的片酬、代言费、出场费等报酬，经纪公司和邀请其出席活动方也会通过明星的热度和名气带来经济方面的反馈。

4. 娱乐价值

明星参演的作品、演唱的歌曲等多样的文娱作品能够陶冶情操、提高审美能力，丰富人们的文化生活，促进社会和谐发展。

4.4.3 演艺明星个人信用资本的品牌价值评估模型

1. 评估模型的构建

演艺明星个人品牌收益具有较大的特殊性。演艺明星个人收入基本来自个人品牌带来的收入。演艺明星在成名之前或失去明星光环之后，也只能赚取普通工薪阶层收入。

因此，不同于企业品牌在价值评估时需要从企业营业利润中扣除有形资产及其他无形资产带来的收益后得到企业品牌收益，演艺明星的个人收入可以视为其个人品牌收益，无须扣除其他对其个人收入产生影响的收益，例如，无须扣除演艺明星本人所具有的普通人力资本应获得的收入，这对于每一个明星的收入影响微乎其微，另外也不会影响明星之间的横向比较。

另外，由于演艺明星属于公众人物，其包括信用在内的各类信息容易被关注，因此，演艺明星自身信用对其社会形象和个人品牌具有较大影响。基于演艺明星个人品牌收益的特点，结合 Interbrand 品牌评估法构建模型如下：

$$\text{演艺明星个人信用资本的品牌价值} = \text{演艺明星收入} \times \text{演艺明星个人品牌乘数} \times \text{个人信用对品牌贡献度} \times \text{演艺明星个人信用}$$

2. 评估参数取值

（1）演艺明星收入。

无论邀请明星拍广告或是演出，通常合同中约定的报酬为税后款，税款部分由邀请方负责。本章计算明星收入部分数据采用通过公司财报逆推计算得到的结果，部分采用福布斯排行榜的过往数据预测，故计算中不涉及税收方面的问题。

本研究按照 2∶3∶4∶1 的比例，既过去第三年收入占 20%、过去第二年收入占 30%、过去一年收入占 40%、未来一年收入占 10% 的计算模型加权计算明星收入。通过现有明星热度预测明星将来一年能够获得的代言和演出机会，由此预测未来一年的收入。通过加权计算增加明星收入的科学性。

演艺明星收入 = 过去第三年的收入 × 20% + 过去第二年的收入 × 30% + 过去一年的收入 × 40% + 未来第一年的收入 × 10%。

（2）演艺明星个人品牌乘数。

演艺明星个人品牌乘数由演艺明星个人品牌强度通过 Interbrand 品牌价值评估模型中 S 曲线换算得到。具体换算如下：

$$\begin{cases} 250y = x^2, & x \in [50, 100] \\ (y-10)^2 = 2x - 100, & x \in (50, 100] \end{cases}$$

其中，y 代表品牌指数，x 代表品牌强度。

（3）演艺明星个人品牌强度。

针对互联网大数据时代品牌传播的特点，国内某知名互联网大数据评级机构联合业内专家、学者共同制定了“中国演艺公众人物网络大数据推荐及社会综合影响力评价评级指数体系”，如表 4.28 所示。

表 4.28　中国演艺公众人物网络大数据推荐及社会综合影响力评价评级指数体系

一级指标	权重	二级指标	权重	指标说明
社会核心价值观指数	30	个人行为修养度指数	10	作为公众人物，应当自觉践行行业自律准则，严格律己修身，还要有较好的个人品质，严于律己、以身作则、谈吐文雅、举止文明等，重点对演艺人员个人行为举止、言论进行评价

续表

一级指标	权重	二级指标	权重	指标说明
社会核心价值观指数	30	道德示范引领度指数	10	具备正确的政治思想和高尚的职业操守、责任感，在严私德、讲大德、守公德，对公众舆论、社会价值取向、公共利益等方面是否起到积极良好的表率作用进行评价
		网络规范示范度指数	10	对是否在网络视听上树立正面的示范形象，正面引导舆论，是否在广播电视和网络视听上的社会公德起正面示范作用进行评价
公益服务与参与度指数	20	重大事件公益贡献指数	5	是否为奥运会、重大突发自然灾害、重大工程等作出贡献（例如捐钱捐物、义工、志愿者等），尽己所能，用自己的爱心服务社会、帮困疏难
		赞助教育、科学、文化、体育、卫生等建设	5	对教育、科学、文化、卫生、体育等公共事业的建设赞助支持进行评价
		环境保护、社会公共建设	5	对参与环境保护、社会公共设施建设贡献进行评价
		积极参与促进社会发展和进步的社会组织	5	对积极参与促进社会发展和进步的其他社会公共和福利事业的贡献进行评价
演艺界网络人气指数	10	公众喜爱度指数	2.5	主要通过大数据对受公众喜爱度进行评分
		网络粉丝维度	2.5	主要通过大数据对演艺人物对外公众账号粉丝数量及参与度进行评分
		媒体宣传度指数	2.5	主要对个人在主流新闻娱乐媒体上的宣传力度进行评价
		品牌代言合作指数	2.5	主要对个人参与品牌代言合作量及影响力进行评价
演艺作品影响力指数	10	参演作品影响力指数	5	主要对参演作品的数量和质量，以及对社会、公众影响力进行评价
		获得国内权威奖项指数	5	主要对个人参演角色获得的重大奖项影响力进行评价

续表

一级指标	权重	二级指标	权重	指标说明
行业创新贡献度指数	10	引领新人贡献指数	5	主要对个人引领新人进步、规范行为言论等贡献进行评价
		行业人才培养贡献度指数	5	将自身掌握的演艺经验、表演艺术、舞台效果、理论知识以及自身创作技巧技能等通过任教讲师、客串讲师等途径传道授业，具备开拓、创新精神，为行业发展作出一定贡献
国际交往传播力指数	20	国际影视艺术类权威大赛大奖指数	5	主要对个人演艺影视作品参与国际权威大赛提名及获奖情况进行评价
		自身参演作品对外国际传播指数	5	主要对个人参演作品面对国际传播情况进行评价
		推动推进国内演艺影视国际传播贡献度	5	主要对演艺人物推动推进国内作品参与国际传播情况进行分析
		与国际演艺明星作品合作度指数	5	主要对演艺人物与国际演艺合作情况进行评价

资料来源：智库太昊国际互联网评级机构。

根据个人信用的内涵，本研究结合个人信用对个人品牌强度和品牌价值的影响，参考“中国演艺公众人物网络大数据推荐及社会综合影响力评价评级指数体系”，构建了“演艺明星个人品牌强度评价指标体系”，如表 4.29 所示。

表 4.29　　演艺明星个人品牌强度评价指标体系

一级指标	权重	二级指标	权重	指标说明
演艺明星个人信用指数	50	个人公共信用指数	10	作为公众人物，和普通人一样，应当遵纪守法
		个人行为修养度指数	10	作为公众人物，应当自觉践行行业自律准则，严格律己修身，还要有较好的个人品质，严于律己、以身作则、谈吐文雅、举止文明等，重点对演艺人员个人行为举止、言论进行评价

续表

一级指标	权重	二级指标	权重	指标说明
演艺明星个人信用指数	50	道德示范引领度指数	5	具备正确的政治思想和高尚的职业操守、责任感，在严私德、讲大德、守公德，对公众舆论、社会价值取向、公共利益等方面是否起到积极良好的表率作用进行评价
		网络规范示范度指数	5	对是否在网络视听上树立正面的示范形象，正面引导舆论，是否在广播电视和网络视听上的社会公德起正面示范作用进行评价
		重大事件公益贡献指数	5	是否为奥运会、重大突发自然灾害、重大工程等作出贡献（例如捐钱捐物、义工、志愿者等），尽己所能，用自己的爱心服务社会、帮困疏难
		赞助教育、科学、文化、体育、卫生等建设	5	对教育、科学、文化、卫生、体育等公共事业的建设赞助支持进行评价
		环境保护、社会公共建设	5	对参与环境保护、社会公共设施建设贡献进行评价
		积极参与促进社会发展和进步的社会组织	5	对积极参与促进社会发展和进步的其他社会公共和福利事业的贡献进行评价
演艺界网络人气指数	10	公众喜爱度指数	2.5	主要通过大数据对受公众喜爱度进行评分
		网络粉丝维度	2.5	主要通过大数据对演艺人物对外公众账号粉丝数量及参与度进行评分
		媒体宣传度指数	2.5	主要对个人在主流新闻娱乐媒体上的宣传力度进行评价
		品牌代言合作指数	2.5	主要对个人参与品牌代言合作量及影响力进行评价
演艺作品影响力指数	10	参演作品影响力指数	5	主要对参演作品的数量和质量，以及对社会、公众影响力进行评价
		获得国内权威奖项指数	5	主要对个人参演角色获得的重大奖项影响力进行评价

续表

一级指标	权重	二级指标	权重	指标说明
行业创新贡献度指数	10	引领新人贡献指数	5	主要对个人引领新人进步、规范行为言论等贡献进行评价
		行业人才培养贡献度指数	5	将自身掌握的演艺经验、表演艺术、舞台效果、理论知识以及自身创作技巧技能等通过任教讲师、客串讲师等途径传道授业，具备开拓、创新精神，为行业发展作出一定贡献
国际交往传播力指数	20	国际影视艺术类权威大赛大奖指数	5	主要对个人演艺影视作品参与国际权威大赛提名及获奖情况进行评价
		自身参演作品对外国际传播指数	5	主要对个人参演作品面对国际传播情况进行评价
		推动推进国内演艺影视国际传播贡献度	5	主要对演艺人物推动推进国内作品参与国际传播情况进行分析
		与国际演艺明星作品合作度指数	5	主要对演艺人物与国际演艺合作情况进行评价

（4）个人信用对品牌贡献度。

根据上述“演艺明星个人品牌强度评价指标体系”可以看出，“演艺明星个人信用指数”在个人品牌强度总分中的权重是 50%，所以，个人信用贡献度为 50%。

（5）演艺明星个人信用。

基于吴氏三维信用理论，演艺明星个人信用可采用表 4. 30 所列指标体系进行评价，其体系构成包括 3 个一级指标、5 个二级指标及若干三级指标。

一维诚信度主要衡量个人的信用意愿，这是由个人素质决定的。二维合规度主要衡量个体对社会的信用程度，主要体现在个体对社会行为的合规程度上。三维践约度主要衡量个体在经济交易中的行为，是否遵守了各种社会经济契约的约定。

表 4.30　　三维信用理论个人信用评价指标

一级指标	二级指标	三级指标		
一维诚信度	身份特质	学历	入行年限、收入情况	资产情况、贷款情况
	业务情况	所获奖项及奖项含金量	作品评分	代言数量
	社交关联用户	粉丝数量	投资人评分	路人评分
二维合规度	行为轨迹	纳税情况	公共费用缴纳情况	违法违规情况
三维践约度	社交网络	个人信息真实度	作品数据注水次数、公共平台恶意刷流量次数	恶意营销次数

4.4.4　演艺明星个人信用资本的品牌价值评估案例

1. 知名演艺明星杨某的个人品牌背景

知名演艺明星杨某，毕业于北京电影学院表演系本科班，内地影视女演员。杨某通过参演家喻户晓的某情景剧被观众所熟知，此角色对于杨某的个人品牌发展具有较强的助推力，是其获得个人知名度及大众好感度的基石。

杨某是一位演艺经历较为丰富的明星，主演的某近代革命战争剧成为豆瓣电影年度榜单评分国内最高的电视剧；主演的某古装神话剧以平均收视率1.3%的成绩获得全国同时段电视剧收视冠军，豆瓣7.7的评分刷新了近几年来古装神话剧的纪录。截至2021年杨某已经四登春晚，她的个人品牌未来发展路线也朝实力派、热度派两不输的方向平衡发展。

2. 评估计算过程

（1）演艺明星个人品牌收入的计算。

根据杨某所属的某传媒公司的财报显示，2019年该公司通过杨某获取经纪收入3518.71万人民币，按照30%的经纪佣金比率推算，杨某总收入达到

1.17亿元。根据福布斯中国名人榜记录，杨某的排列从2019年的第24位跃至2020年的第13位，根据过往福布斯排行榜记录数据预估2020年及2021年收入数据，如表4.31所示。

表4.31　2018～2021年杨某预估收入

年份	预估收入（万元）	权重（%）
2018	5000	20
2019	11700	30
2020	25000	40
2021	39000	10

杨某个人品牌收入＝5000×20%＋11700×30%＋25000×40%＋39000×10%＝1.841（亿元）。

（2）演艺明星个人品牌强度和品牌乘数的计算。

根据“演艺明星个人品牌强度评价指标体系”进行专家打分计算。杨某的品牌强度各项得分都较高，相比较而言，国际交往传播力指数和美誉度较低。杨某因参演某热剧，而在新人演员中获得了较高的知名度和群众好感基础，她出演的某古装神话剧海外热度极高，获得了“第十四届首尔电视节最受欢迎海外电视剧”。作为演员她连续参演大热剧且演技受到观众认可，已经四登春晚，作品影响力获得较高的评分。受到杨某演技派路线的影响，粉丝评价得分中规中矩。

由于杨某至少担任十个大型活动的公益基金形象大使，且至少参与五次大型公益捐款活动，其微博等社交账号积极宣传爱国、公益等内容，因此在社会主义核心价值观及公益服务指数方面得分较高。

杨某个人品牌强度评价得分具体情况如表4.32所示。

表 4.32　　　　杨某个人品牌强度评价指标体系打分表

一级指标	得分	二级指标	得分
演艺明星个人信用指数	48	个人公共信用指数	10
		个人行为修养度指数	10
		道德示范引领度指数	5
		网络规范示范度指数	5
		重大事件公益贡献指数	3
		赞助教育、科学、文化、体育、卫生等建设	5
		环境保护、社会公共建设	5
		积极参与促进社会发展和进步的社会组织	5
演艺届网络人气指数	7.5	公众喜爱度指数	2
		网络粉丝维度	1.5
		媒体宣传度指数	2
		品牌代言合作指数	2
演艺作品影响力指数	7	参演作品影响力指数	4
		获得国内权威奖项指数	3
行业创新贡献度指数	7	引领新人贡献指数	4
		行业人才培养贡献度指数	3
国际交往传播力指数	7	国际影视艺术类权威大赛大奖指数	0
		自身参演作品对外国际传播指数	3
		推动推进国内演艺影视国际传播贡献度	1
		与国际演艺明星作品合作度指数	3
总分	76.5		

从表 4.32 可得，杨某个人品牌强度为 76.5。根据品牌强度与品牌指数的函数关系：

$$\begin{cases} 250y = x^2, & x \in [50,\ 100] \\ (y-10)^2 = 2x - 100, & x \in (50,\ 100] \end{cases}$$

将品牌强度 76.5 代入上式，$(y-10)^2 = 2 \times 76.5 - 100$

$$y = 17.28$$

本研究以企业品牌乘数的20%作为个人品牌乘数。

因此，杨某的个人品牌乘数 = 17. 28 × 20% = 3. 46。

（3）演艺明星个人信用的计算。

通过专家综合评判打分，杨某的个人信用评分情况如表 4. 33 所示。

表 4. 33　　三维信用论打分结果

一级指标	得分	权重（%）	二级指标	得分	权重（%）
身份特质	86	9. 68	学历	90	20
			入行年限、收入情况	90	40
			资产情况、贷款情况	80	40
业务情况	82. 451	20. 99	所获奖项及其含金量	80	53. 96
			作品评分	95	16. 34
			代言数量	80	29. 7
社交关联用户	84. 763	20. 99	粉丝数量	70	31. 08
			投资人评分	90	49. 34
			路人评分	95	19. 58
行为轨迹	100	34. 5	纳税情况	100	28. 57
			公共费用缴纳情况	100	14. 29
			违法违规情况	100	57. 14
社交网络	91. 906	13. 84	个人信息真实度	100	16. 34
			作品数据注水、恶意刷流量	100	29. 7
			恶意营销	85	53. 96
总分	90. 64				

从表 4. 33 可得，杨某个人信用为 90. 64 分。

（4）评估结果计算及分析。

根据“演艺明星个人信用资本的品牌价值 = 演艺明星收入 × 演艺明星个

人品牌乘数×个人信用对品牌贡献度×演艺明星个人信用”，得出杨某的个人信用资本的品牌价值 =1.841×3.46×50%×90.64÷100=3.35（亿元）。

4.4.5 模型评价与评估结果应用

本节参照“中国演艺公众人物网络大数据推荐及社会综合影响力评价评级指数体系”，结合个人诚信评价要求，设置了“演艺明星个人信用度评价指标体系”，并结合品牌价值评估原理，构建了演艺明星个人信用资本的“品牌价值”评估测度模型。模型具有较强的理论基础，构建思路清晰。

演艺明星从事的工作是一个满足人民群众更高精神需求的特殊行业。某种程度上看，演艺明星是文化作品的传递者、精神产品的塑造者之一，作为公众人物，对未成年的青少年影响很大。因此，演艺明星的诚信道德品质不仅影响自身的发展，还会对社会造成较大影响。

模型评估结果有助于演艺明星清楚了解自身信用资本对个人品牌价值的影响，进而有助于他们提高信用意识，做社会诚信守法的表率；同时，评估结果有利于社会公众了解演艺明星的诚实守信情况，理性追星。

第5章

信用资本的“社会价值”评估测度

社会价值是社会主体在经济社会中对社会产生的贡献，是一种社会利益。恪守信用是一种普遍适用的道德规范和行为准则，也是社会主体应尽的社会责任，既是个人之德，又是企业之德。当企业和个人都遵守信用，守信就作为一种道德规范被社会各行业、各单位以及广大社会成员所认可，并在社会生活中自觉践行而逐渐形成的一种社会风尚，最终体现为社会道德和社会风气，这种良好的社会道德和社会风气对整个社会具有重要价值。

因守信而获得的收益或因失信而造成的损失，都会导致信用这种资本价值的变动。无论是企业守信还是个人守信，除能给信用主体直接带来经济价值外（如前面章节讲到的融资价值、品牌价值），还能间接对社会产生贡献，带来正的外部性，具有重要的社会价值。

基于信用的“社会责任观”，恪守信用是一种社会责任，能给社会带来利益，具有重要价值。为了量化信用产生的这种社会利益，使各类信用主体能够清楚地了解自身信用对社会的贡献，直观感受到守信或失信对社会利益的影响，促进各类市场主体自觉主动守信、维护和提高自身信用资本的社会价值，同时，量化信用产生的这种社会利益，有利于政府对不同信用状态的信用主体实施奖惩政策和社会公共政策。

以下将进行信用资本“社会价值”的测算评估。社会价值的量化测度相对困难。目前，国内开展的企业公共信用综合评价和居民个人信用积分是利用法律法规、政府规章、合同契约、社会责任、道德文化作为守信与失信记录的判定准则，具有全社会共识的价值准则。企业公共信用综合评价得分和居民个人信用积分的高低，可以反映企业或个人遵纪守法、社会责任履行、道德规范遵循的情况，反映了企业或个人对社会的影响，可以作为间接测度其因守信而带来的社会价值大小的一种简单方法。

5.1 信用的社会价值

5.1.1 社会价值概述

1. 可持续发展战略下社会价值创造的倡议

人类整体实现可持续发展的诉求越来越多地渗透到社会经济生活的方方面面，尤其是人们对环保与社会领域公正发展的期待。对商业追求“永续经营”与“股东利润最大化”的讨论转向了探索“可持续发展”

与“社会创新”，整个商业社会与企业组织的管理模式显现了诸多大变革的迹象。

一方面，人类面对可持续发展的挑战：全球化浪潮与高新科技迅猛发展，尤其互联网与人工智能兴盛；而能源与环保问题日益严重，贫富差异未缩小，政治社会与宗教种族间的冲突并未减弱，很多领域的公正合作还未实现，企业组织正面临更为不确定的未来市场机遇与风险。这些市场压力与合规风险包括以下三个方面：首先，企业定义使命目标从仅对股东创造价值转向为利益相关方创造价值（比如，一些学科学派开始重新探究企业存在的根本原理）；其次，企业组织在合规上越来越多地从单一经济价值考量步入多元的社会环境经济综合价值测评（比如，经常被提到的“三重底线”，即经济底线、环境底线和社会底线）；最后，政府、企业、社会组织三大部门的边界正在日益模糊，跨界沟通合作成为人类与商业可持续发展阶段的必需，这也要求企业增强对“企业外部性”与“生态性管理”的关注，对企业的治理结构与管理过程提出了新挑战。

另一方面，企业组织自身在各方面也开始变被动为主动，化风险为机遇，包括以下几个方面：第一，企业从仅关注主营业务，到启动企业社会责任战略与行动，再到规划综合性的企业可持续发展战略。例如，很多世界 500 强公司已经设立了专门的可持续发展战略规划部门与首席可持续发展官（Chief Sustainable Officer）。第二，从仅对股东披露的财务报表，发展为向各类利益相关方披露的企业社会责任报告与可持续发展报告、综合报告。第三，从单一线性的投入产出评估，步入可持续发展与循环经济的评估，企业也开始思考构建以及测算企业的社会影响力价值。第四，从单独或行业联盟的战略实施转向跨行业、跨组织的生态联合与开源创新。

2. 社会价值释义

从字面上看，社会价值由“社会”和“价值”两个词组成，价值的对象，是整个社会。也就是说，社会价值，必须以实现社会整体可持续发展为其唯一目的，其所蕴含的自由观、平等观以及发展观等，都要为此目的服务。因此，社会价值是政治、经济、社会、文化及生态等价值的总和。

社会价值也是一种理念，倡导社会所有成员以促进社会公平、资源的有效利用、环境的可持续发展、实现人类身心健康、和谐共处为目标，并以其对社会的贡献作为衡量个人价值的终极指标。中国是社会主义国家，也是有5000多年文明历史的国家，社会价值与“中国精神”、与天人合一的中国文化高度契合。

相对于工业文明时代对个人财富和自我价值的绝对崇拜，在新的文明时代，人的全面发展和社会价值将成为主流的价值观。社会价值作为一种价值观，作为一种善的价值观，有三个方面的含义：

（1）社会价值的整体性。作为一种伦理观，社会价值必须以实现社会整体可持续发展为其唯一目的，其所蕴含的自由观、平等观以及发展观等，都要为此目的服务。

（2）社会价值的创新性。在效率和公平被严重割裂的今天，更需要以创新来弥合和解决相关的社会问题。同时，由于创新是一个不断迭代和完善的过程，因此对创新需要有充分宽松的环境，需要有成全创新的机制和耐心。

（3）社会价值的合一性。工业文明时代有三个明显的弊端。其一是通过产生新问题来解决老问题；其二是手段和目标之间的背离，最著名的命题就是效率公平之间的二律背反；其三是个人价值与社会价值的对立。从社会价值的合一性角度来看，真正的效率，必须以全社会为背景，以整个社会发展阶段为周期，来判断资源配置效率和可持续性，同时还必须与人的发展相关。所以，真正的效率是古今中外志士仁人的共同理想——人尽其才、物尽其用、公平正义、永续发展。所以合一性要求效率、平等和自由的合一。

5.1.2　守信的社会价值

1. 守信在经济建设方面的社会价值

第一，守信是市场经济的根本之基。市场经济是法治经济，也是诚信经济，守信是市场经济与生俱来的准则。市场经济的交易双方必须以诚实守信作为履约条件，如果企业不守信用，在市场上投机取巧，搞不正当竞争，从事种种欺诈勾当，谋取不义之财，就会使等价交换关系遭到破坏，市场秩序也会因此受到破坏，市场经济就难以顺利运行。第二，守信是经济发展的根本保证。市场经济既有分工又有合作，随着交易关系的复杂化，日益扩展的市场关系逐步构建起彼此相连、互为制约的交易关系链条，如果企业发生失信行为，必然会导致交易链的中断。交易链中断一旦波及整个经济，便会导致经济的衰退和竞争力的衰弱。

2. 守信在政治建设方面的社会价值

第一，守信有利于营造良好的政治生态。守信的企业会全方位提升其诚信经营水平，其主要精力在于降低交易成本、提高经济效率，主要依靠提供优质的产品和服务来赢得消费者的信任，而不是通过向官员行贿获取垄断利益。同时，也降低了官员权力与企业利益的相关性，为营造良好的政治生态创造条件。第二，守信有利于构筑政治文明。政治文明作为人类文明中的政治层面，集中表现为人们在一定的社会形态中关于民主、自由、平等、法治的实现过程。守信不仅有助于减少不良社会风气的滋生、纠正和克服某些不良社会风气的蔓延，而且有助于促进党风、政风、民风、民俗、生活习惯向健康的方向发展，有利于构筑政治文明。第三，守信是现代民主制度良性运转的客观需要。当政府官员达到了守信的要求，腐败和社会不公正现象就会减少，人民群众的民主权利和政治利益就会得到保障。另外，普通民众达到守信要求后，会更加积极地监督政府，积极争取自身的民主权利和政治利益。因此，当政府官员和人民群众都达到守信的要求，政府官员和人民之间才能形成良好的政治互动，现代民主制度才能实现良性运转。

3. 守信在社会建设方面的社会价值

首先，企业守信有利于减少社会矛盾。当前，企业不守信用引发的矛盾和问题纠纷经常发生，如在经济交往中不遵守经济承诺和经济合同；在商品交易中企业之间互相拖欠货款；在借贷活动中欠贷欠息甚至逃废债务；在招工用工上拖欠工人工资；在经营管理中出具虚假财务报表；在金融活动中，非法融资、恶意透支、虚开商业汇票等。企业之间交往过程中存在的不守信甚至欺诈行为，造成经济往来成本过大、财富流失严重、价值分配混乱，增加了社会矛盾。如果企业能够遵守信用，坚持诚信底线，社会矛盾会大大降低。其次，企业守信有利于形成良好的社会风气。企业是社会商品的生产者，如果企业经营唯利是图，不守信用，则可能制假卖假，导致假冒伪劣产品横行，对人民群众生命财产安全危害极大，败坏社会风气。如果企业能够坚持诚信生产、诚信经营，诚信做事，用优良的产品和服务回馈社会，必然对造就良好的社会风气起到重要作用。

如果一个社会人人守信，就会拥有蓬勃向上的活力，成为社会良好运行、国家优良治理的润滑剂。第一，个人守信有助于社会正常运转。现代社会，各种利益关系日趋复杂，每个人每天都要与他人、与集体交往，根据所达成的协议来安排自己的活动。如果不守信，那么人和人之间就无法进行正常交往，一切活动无法开展，整个社会就会陷入无序、混乱之中。相反，如果守信，社会就会形成一个良好的“信任结构”，有助于社会正常运转。第二，个人守信能够一定程度上减轻政府的社会治理工作。如果人人遵守守信原则，不超越底线，那么社会矛盾会减少，社会风气会得到净化，社会治安会更加良好，从而在一定程度上能够减轻政府的社会治理工作。第三，个人守信有利于构建和谐社会。社会人人守信可以最大限度地减少社会生活中的各种内耗和摩擦，减少社会生活的风险和代价，使社会的运行成本大大降低，有助于构筑良好的人际环境，消除矛盾激化的潜在因素；增强社会的价值认同和凝聚力，有利于构建和谐社会。

4. 守信在文化建设方面的社会价值

当企业将守信作为自身的行为准则时，守信就成为企业的经营理念，也成为企业精神和企业文化。守信的企业文化会在文化建设方面发挥重要的社会价值。首先，守信的企业文化会在企业与社会的互动过程中，对社会文化和经济建设产生良好的影响作用。守信作为一种积极的企业管理文化，能够对社会文化产生良好的辐射作用，提升社会文化品位，营造良好的诚实守信的软环境，同时与经济社会发生积极的互动关系，从而推动社会经济建设与文化发展。其次，企业的守信文化对于其他群体的守信文化有先导性的推动影响作用。一个社会的思想文化变革无不是从社会的微观层面发生的，在工业化和新经济时代，企业是文化创造的主体，未来的新文化、新的价值观可能会大量产生于企业，并推动社会文化的变革。当守信成为企业文化时，必然会带动更多的其他群体守信，对整个社会的守信建设有较强的推动作用。最后，我国人口多，素质参差不齐，如果企业将守信文化与人力资源培训相结合，必将对社会守信文化的发展产生较为深远的影响。

5. 守信在生态建设方面的社会价值

国务院印发的《社会信用体系建设规划纲要（2014～2020 年）》指出：将环境保护和能源节约领域信用建设纳入重点领域诚信建设，并将其归类于社会诚信建设，这就明确了环境信用是社会信用体系的重要组成部分。企业守信既体现在经济活动中，也体现在环保方面。当守信成为企业文化时，企业必然会践行生态文明理念，遵守环保法律法规，履行环保社会责任，坚守环保道德底线，建设诚实守信环保信用体系，将自身打造成环保守信企业。因此，企业守信在生态建设方面具有重要的社会价值。一方面，企业守信会使得企业主动承担环境保护的主体责任。企业的守信理念会促使其遵守环境保护相关的法律制度，加大环保投入，坚持绿色生产，主动履行环保责任，对生态文明的建设起着直接的推动作用。另一方面，企业守信会营造良好的社会氛围，促使企业意识到生态环境的重要性，形成生态保护的意识。督促环境失信的企业不断增强诚信意识，充分认识到环境信用的重要性，切实担当起企业的环保主体责任，主动纠正失信行为，认真做好各项生态环境污染治理工作。

5.2 企业信用资本的“社会价值”评估

企业守信除了给自身带来经济价值之外，还能够带来社会价值，但这种社会价值在现实生活中难以被完全准确地测度出来。

近年来，政府大力提倡对企业开展公共信用综合评价，这种评价就是利用法律法规、政府规章、合同契约、社会责任等作为守信与失信记录的判定准则，具有全社会共识的价值准则。企业公共信用综合评价得分高低，可以反映其遵纪守法、社会责任履行的情况，反映了企业对社会公共利益的影响，可以作为其因守信而带来的“社会价值”大小的测度。

根据公共信用信息的客观记录进行分级打分，无须第三方评议，摒除了主观判断。企业公共信用综合评价充分考虑市场主体信用信息的“公共”属性，通过信用记录本身等级的认定，消除行业和地域的差异，实现所有市场主体的普遍使用。

5.2.1　企业公共信用综合评价实践

1. 不同地区的企业公共信用综合评价

（1）浙江省。

2017 年，浙江省开始试行企业公共信用评价，评价结果全面向社会公开。评价模型从基本情况、金融财税、质量安全、遵纪守法、社会责任 5 个维度对企业公共信用状况进行打分画像，评价结果计分区间为 0～1000 分。评价所需数据均来源于浙江省数据管理中心。企业公共信用评价的结果主要应用于政府的行政管理和社会治理，也可作为第三方信用服务机构评价企业信用风险的基础性信息。企业公共信用评价包括基本情况、金融财税、管治能力、遵纪守法和社会责任 5 个一级指标和 17 个二级指标，如图 5.1 所示。

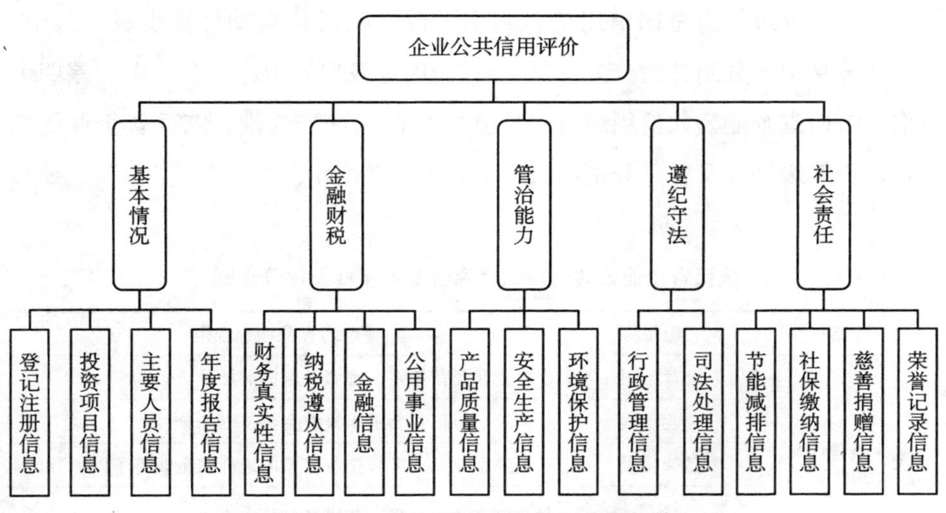

图 5.1　浙江省企业公共信用评价指标体系

（2）深圳市。

作为国内较早开展社会信用体系建设的城市，深圳市自2015年即开始在前海试点，探索企业公共信用综合评价构建企业信用画像，推进信用分类监管及“信用+”应用。深圳市企业公共信用综合评价指标体系以服务于政府部门的信用监管为导向，以公共信用信息数据为主要数据来源进行构建，包括经营指数、合规指数、履约指数和荣誉指数4个一级指标，13个二级指标，104个具体评分项。采用加减分制进行评分，基准分60分，最低分0分，最高分100分，根据企业最终得分情况将企业信用状况分为5类10级。深圳市将推行创新信用综合评价结果在政府采购、专项资金申报、评奖评优及“双随机、一公开”抽查事项中的应用，进一步发挥信用管理在创新监管机制、提升监管效能方面的基础性作用。

（3）陕西省。

陕西省企业公共信用综合评价采用动态循环评分法，从企业的基本经营状况、公共信用记录和履行社会责任三个维度进行评价，评价结果包括信用评分和信用等级，由全国信用信息共享平台（陕西）自动计算生成。其中：信用评分采用千分制，满分为1000分；信用等级划分为优、良、中、差四个级别。陕西省企业公共信用综合评价基本指标及评分规则、陕西省企业信用综合评价等级划分及释义分别如表5.1和表5.2所示。

表5.1　陕西省企业公共信用综合评价基本指标及评分规则

一级指标	二级指标	评价内容及评分规则
基本经营状况（20%）	经营年限	根据企业经营年限，按照一定标准加分
	企业年报	对连续三年正常公示年报的企业予以加分
	品牌建设	对名牌企业、老字号企业、原产地标识企业等予以加分
	技术水平	对有较高技术水平，获得高新技术企业认定、获得专利及专有技术、取得重大科研成果的企业等予以加分

续表

一级指标	二级指标	评价内容及评分规则
基本经营状况（20%）	政府扶持	对产品、服务、项目等符合国家鼓励政策，获得国有资本投入、政府资金补助等政府资金扶持的企业予以加分
	市场能力	对有较强市场竞争能力，比如公共资源交易的中标企业、参与政府投资项目建设的企业等予以加分
公共信用记录（60%）	一般失信	对存在行政处罚、虚假承诺、合同违约等不良信用记录的企业，按照失信记录条数累计扣分
	严重失信	对因违法经营受到刑事处罚，或被处暂扣或者吊销许可证件、限制开展生产经营活动、责令停产停业、责令关闭等行政处罚，以及被列入失信被执行人、行业“黑名单”等失信惩戒对象的企业，暂停评分
	经营异常	被有关部门列入经营异常名录的企业予以扣分
	行政检查	对各级政府部门在行政检查、抽查过程中发现存在问题的企业，按问题数量累计扣分
	司法判决	根据法院判决，对承担刑事责任或民事责任的企业，按次数累计扣分
	关联风险	对企业高管或关联企业存在不良信用记录的予以扣分
履行社会责任（20%）	纳税信用	对纳税信用等级为 A 级的企业予以加分
	劳动保障	对 A 级劳动保障守法诚信企业予以加分
	社保缴纳	对连续三年正常缴纳职工养老、医疗等社会保险的企业予以加分
	公共安全	对连续三年未发生食品安全、药品安全、交通安全、质量安全、消防安全、安全生产、环境保护等责任事故的企业予以加分
	公益慈善	对参与公益慈善活动的企业，按照一定标准加分
	信用建设	对各级信用建设示范企业、连续 12 个月无不良信用记录的企业、通过信用中国（陕西）网站主动向社会作出公开信用承诺并兑现承诺的企业等，按照一定标准加分
	其他贡献	对经济社会发展作出突出贡献，获得县级以上国家机关表彰、奖励的企业，按照获奖级别予以加分

表 5.2　　陕西省企业信用综合评价等级划分及释义

序号	信用等级	评分范围	释义
1	优	≥750	企业稳定性好，经营能力强，社会贡献大，信用风险低，可合理降低检查、抽查的比例和频次
2	良	≥550 <750	企业稳定性和经营能力处于中等水平，存在一定信用风险，可按常规比例和频次进行检查、抽查
3	中	≥350 <550	企业存在较大信用风险和不稳定性，可适当提高检查、抽查的比例和频次
4	差	<350	企业存在极大信用风险或为严重失信企业，可作为重点监管对象，加大监督检查力度

2. 不同行业领域的企业公共信用综合评价

（1）中小企业公共信用评价。

为贯彻《社会信用体系建设规划纲要（2014～2020年）》《国务院关于进一步促进中小企业发展的若干意见》等文件精神，促进中小企业信用体系建设，引导并督促企业提高诚信和责任意识，规范和指导中小企业公共信用评价工作，并结合中国社会信用体系建设的实践和实际业务开展情况，中国中小企业协会牵头研究制定了《中小企业公共信用评价指标体系》团体标准。

中小企业公共信用评价指标体系以公共信用信息市场主体社会经济活动中政府机关、事业单位在开展各项行政工作中产生的公共信息为依据，公共信用信息来自行政机关、司法机关、公共企业事业单位在履行职责、提供服务过程中产生或者获取的社会信用信息。

中小企业公共信用评价指标体系分为三大部分：守信信息、失信信息、增信信息，具体详见表5.3。企业注册经营状态为存续的，企业获得基础分800分，通过企业公共信用积分模型的计算企业最多获得200分，即企业公共信用积分可达 1000 分，企业最多扣分 300 分，即企业公共信用积分为 500 分。中小企业公共信用评价指标体系所列要素指标权重由评价机构根据评价模型，结合企业特点等因素调整。

表 5.3　　　　中小企业公共信用评价指标体系

一级指标	二级指标	主要评价内容
守信信息	基本素质	纳税资格情况
		连续经营年限
	资质资格	经营许可情况
		专项许可情况
		资质等级情况
		资格证书情况
		备案信息情况
		行政监督检查情况
失信信息	司法信息	被执行人信息情况
		失信被执行信息情况
	黑名单（联合惩戒）	经营异常名录情况
		工商严重违法失信企业情况
		重大税收违法案件当事人情况
		证监会违法失信当事人情况
		安全生产黑名单情况
		环保黑名单情况
		食品药品严重失信当事人情况
		对外经济合作领域严重失信行为的责任主体情况
		炒信黑名单情况
		严重质量违法失信当事人情况
		假借慈善名义或假冒慈善组织骗取财产的法人情况
		严重违法失信超限超载当事人情况
		农资生产经营领域失信企业情况
		涉金融严重失信当事人情况
		海关失信企业情况
		严重失信电子认证服务机构情况

续表

一级指标	二级指标	主要评价内容
增信信息	红名单（联合激励）	A 级纳税人情况
		海关高级认证情况
		检验检疫信用 AA 级情况
		交通运输工程建设领域守信典型企业情况
	行政奖励	行政奖励情况
	政府补贴	财政贴息情况
		研发补贴情况
		政策性补贴情况
	荣誉信息	高新技术企业情况
		守合同重信用情况
		科技小巨人情况
		科技型中小企业情况
		瞪羚企业情况
		独角兽企业情况
		众创空间情况
		科技企业孵化器情况
		专精特新情况
		中国出口质量安全示范企业情况

（2）道路运输企业信用评价。

广东省深圳市交通运输局对道路运输企业开展的信用评价，在评价年度内主要从企业的经营管理、安全生产、服务质量、社会责任以及诚实守信等方面进行综合评价。道路运输企业诚信评价等级综合质量信誉考核和诚信负面评价结果，分为优秀、优良、合格、基本合格和不合格，分别用 AAAA 级、AAA 级、AA 级、A 级和 B 级表示。道路运输企业诚信评价等级结果直接作为企业质量信誉考核结果。道路运输企业诚信评价指标包括质量信誉考核指标和诚信负面评价指标，如表 5.4 所示。

表 5.4　　　　道路旅客运输企业信用评价指标体系

序号	一级指标	二级指标
1	经营管理（300 分）	驾驶员取得从业资格证的比例
		经营违章违法率
		车辆管理
2	安全生产（250 分）	安全管理
		车辆卫星定位在线率
		车辆超速率
		交通责任事故死亡率
3	服务质量（300 分）	满意度调查
		有效投诉率
		媒体曝光率
4	社会责任（150 分）	行业稳定
		材料报送
		指令性任务
		按规定投保承运人责任险
5	加分项（100 分）	获奖情况
		管理创新
		技术创新
6	诚信负面评价	合同履约
		劳资纠纷
		债务管理
		规范经营
		违法行为

其中：

①质量信誉考核指标实行计分制，总分 1100 分。质量信誉考核分数计入企业诚信评价结果得分，作为划定企业评价等级依据。

②诚信负面评价指标记录负面分，以此判定企业诚信程度，不计入企业

评价得分，但作为企业评价等级降级依据。

道路运输企业质量信誉考核指标包括基础项指标和加分项指标，其中：基础项指标设经营管理、安全生产、服务质量、社会责任四项一级扣分指标，分值1000分；加分项指标设获奖情况（含诚信嘉奖）、管理创新、技术创新三项一级加分指标，分值100分。

诚信负面评价指企业在遵纪守法、合同履约、信贷记录以及其他商业信誉方面，受到司法机关审判，工商、公安、税务、人社等政府部门通报，以及被金融或保监等机构、道路运输行业协会列入不良记录等情况。

（3）公共资源交易信用评价。

工程建设招投标、政府采购、土地出让等公共资源交易领域，由于涉及公共利益巨大，一直备受关注。广州市率先研发应用公共资源交易综合信用指数，将信用应用于政府采购和工程招投标的评标过程中。信用评价指标设置包含社会信用、招投标信用、跨行业跨区域信用、市场主体相互评价以及第三方机构评价等内容。其中政府采购供应商信用指数评价指标体系见表5.5。

表5.5　　政府采购供应商信用指数评价标准

一级指标	二级指标	指标分级
社会信用	工商信用	守合同重信用记录
		工商行政主管部门认定的不良信用记录（含企业经营异常名录等）或行政处罚
	纳税信用	税收违法记录或行政处罚
		欠税记录或税务主管部门认定的其他不良信用记录
	银行信用	出具的资信证明或信用报告中存在不良记录的（银行信用评级）（分情况打分）
	司法信用	企业有违法犯罪记录（含行贿犯罪等）、失信被执行人记录的
		主要负责人有任职限制黑名单记录、违法犯罪记录、失信被执行人记录的
		单位职工有违法犯罪记录（含行贿犯罪等）、失信被执行人记录的

续表

一级指标	二级指标	指标分级
社会信用	环保信用	环保行政主管部门认定的不良信用记录或行政处罚
	社保用工信用	人社部门认定的不良信用记录或行政处罚
	质量安全信用	安全生产、质量技术、食品药品监督管理部门认定的不良信用记录或行政处罚
	知识产权信用	知识产权行政主管部门认定的不良信用记录或行政处罚
	其他信用	其他与社会信用有关的行政主管部门认定的不良信用记录或行政处罚
投标信用	行政处罚	在招标投标领域或政府采购领域有行业主管部门认定的不良信用记录或处罚记录的
	不规范行为	在政府采购活动中，提供虚假资料或虚假信息谋取中标、成交的
		单位负责人为同一人，参加同一合同项下的政府采购活动的
		在评审阶段资格发生变化的，不通知采购人和采购代理机构的
		在政府采购活动中，存在刻意窥探、打听其他供应商的投标或报价情况行为的
		在政府采购活动中，不遵守场内管理规定，故意扰乱开标和评审现场正常秩序的
		有提供虚假材料、或未能按要求提供证明材料合理来源说明等行为的
		无正当理由放弃中标或成交资格的
		在招标文件中规定的投标截止日起的投标有效期内撤销其投标的
		其他违反交易中心有关规定，对招标投标、政府采购产生较坏影响的行为
跨行业跨区域信用	行业信用	其他各行业主管部门的综合信用评分或评级的加权总和
	区域信用	在其他区域公共资源交易市场的综合信用评分或评级的加权总和
履约信用	采购人评价	采购人从合同签订、合同履约、采购结果整体绩效等方面对供应商进行评价

3. 企业公共信用综合评价实践存在的问题

（1）各地企业公共信用综合评价模型不统一问题。

浙江省评价模型从基本情况、金融财税、质量安全、遵纪守法、社会责任5个维度对企业进行公共信用综合评价；深圳市从经营指数、合规指数、履约指数和荣誉指数4个维度对企业进行公共信用综合评价；而陕西省企业公共信用综合评价从企业的基本经营状况、公共信用记录和履行社会责任3个维度进行评价。

（2）各行业公共信用综合评价的目的不同、侧重有别。

行业性的公共信用综合评价主要是指政府针对某一具体行业领域的专门性信用量化评估活动。这一“行业型”的信用评价活动所涉事项更为具体和专业，社会不同行业领域中的市场主体在生产经营过程中所承担的职能、义务也不尽相同。道路运输行业侧重企业在安全生产领域的合规性；公共资源交易领域侧重企业招投标过程中的信用行为以及中标之后的履约行为；对中小企业公共信用综合评价则侧重于中小企业发展的潜力等。

政府行业信用部门在量化过程中针对不同行业市场主体制定不同的评价标准，从而使得信用的量化评估的结果更为准确和科学。总体来看，“行业型”的公共信用评估活动，其以量化指标的设计为关键，主要目的并不是要评估行业整体的信用状况，而是要达到社会治理或“规制”的目的。

（3）评价结果分值范围不统一。

浙江省、陕西省企业公共信用综合评价结果分值范围为0～1000分；而深圳市企业公共信用综合评价结果分值范围为0～100分；中小企业公共信用评价结果分值范围为500～1000分。

5.2.2 企业信用资本“社会价值”评估模型

1. 企业信用资本“社会价值”评估指标体系

综合现有各省市、各行业开展的公共信用综合评价设立的指标体系，参考文献中关于企业社会责任评价指标体系，结合企业信用资本的特点，借鉴浙江省地方标准《公共信用评价规范（DB33)》，构建企业信用资本“社会价值”衡量的指标，包括 5 个一级指标、12 个二级指标、25 个三级指标。其中一级指标包括：基本情况（企业的主要人员信息、经营信息等）、应缴尽缴（是否按时、全额履行法定支付义务，含企业金融方面的信息、社保缴纳情况和税收缴纳信息）、管治能力（企业在经营的过程中，产品质量管理、安全生产管理、环境保护情况等能力）、遵纪守法（企业是否遵守行政管理规范，有无司法处理信息，有无严重失信信息）和社会责任（企业有无承担社会责任，包括在公益慈善方面是否参与志愿服务、慈善捐赠等；是否获取各种荣誉奖励）。具体指标见表 5.6。

表 5.6　企业信用资本“社会价值”评估指标

一级指标	权重 1	二级指标	权重 2	三级指标	权重 3	指标说明
基本情况（负向相关）	80	主要人员信息	40	主要人员严重失信信息	20	法定代表人、董监高、实际控制人等主要人员列入严重失信名单等信息
				主要人员未履行生效裁判信息	20	法定代表人、董监高、实际控制人等主要人员未履行生效裁判信息
		经营信息	40	经营异常信息	20	列入经营异常名录信息
				非正常户信息	20	被认定为非正常户信息

续表

一级指标	权重1	二级指标	权重2	三级指标	权重3	指标说明
应缴尽缴（负向相关）	195	金融信息	135	融资未履行生效裁判信息	50	有无与融资信贷领域相关的未履行生效裁判信息
				融资刑事犯罪信息	60	有无与融资信贷领域相关的刑事犯罪记录信息
				金融逃废债信息	15	金融逃废债信息
				存量权益登记信息	10	未按规定参加境外直接投资存量权益登记信息
		税费信息	60	社保缴纳信息	30	社保费用欠缴信息
				税收缴纳信息	30	税收欠缴信息
管治能力（负向相关）	90	产品质量信息	30	监督抽查信息	30	工程质量、产品（食药品）等监督抽查结果信息
		安全生产信息	30	安全生产事故和隐患信息	30	安全生产事故、安全生产监督检查情况、重大火灾隐患等信息
		环境保护信息	30	突发环境事件信息	30	突发性环境污染事件和辐射污染事件信息
遵纪守法（负向相关）	450	行政管理信息	200	行政处罚信息	90	行政处罚信息
				行政强制信息	60	行政强制信息
				行政事项承诺信息	20	行政事项办理过程中作出信用承诺但未履行的信息
				其他行政认定不良信息	30	不构成行政处罚，但经部门认定的其他不良行为信息
		司法处理信息	130	其他未履行生效裁判信息	50	除失信被执行人和融资领域外，单位未履行生效裁判的信息
				其他刑事犯罪信息	60	除融资领域外，违反刑法规定构成犯罪的信息
				虚假诉讼信息	20	被法院认定的且未构成刑事犯罪的虚假诉讼信息
		严重失信信息	120	严重失信名单信息	120	列入严重失信名单的信息

续表

一级指标	权重 1	二级指标	权重 2	三级指标	权重 3	指标说明
社会责任（正向相关）	185	公益慈善信息	65	志愿服务信息	30	参加志愿服务信息
				慈善捐赠信息	35	慈善捐赠信息
		社会特殊贡献信息	120	红名单信息	60	列入红名单信息
				荣誉奖励信息	60	政府颁发的荣誉奖励信息

2. 企业信用资本“社会价值”计算方法

企业信用资本“社会价值”评价模型总分 1000 分，根据指标的重要性，参照行业内相关权重配置规则，应用专家打分法，对一、二、三级指标分别确定权重。计分在第三级指标评价内容上开展，评价内容分为基准项、加分项、扣分项和禁止项四类；被评价主体在基准项得分的基础上，如满足加分项、扣分项或禁止项的条件，进行加分、扣分或最终分清零，从而形成对应二级指标的分值；尚未归集到任何信用信息的，按基准分计分。各二级指标根据其分配的权重，汇总得出一级指标的分值，一级指标根据其分配的权重汇总得出最终得分。

（1）禁止项处置。

若参与评价主体符合“禁止项”条件，该主体信用分为 0 分，且不再参与后续的信用评分计算。禁止项主要是企业被纳入严重失信“黑名单”。

（2）二级指标计算。

二级指标根据三级指标的基准分项、加分项（正相关）、扣分项（负相关）进行计算，计算公式为：

$$C_i = D + \sum J_i \times m_i - \sum K_i \times n_i \tag{5.1}$$

其中，C_i 表示第 i 个二级指标的分值，D 代表基准分，J_i 表示加分项的加分值，K_i 表示扣分项的扣分值，m_i 表示加分项数量，n_i 表示扣分项数量。

（3）一级指标计算。

每个二级指标模块的得分按其相对应的比例，进行加权计算，得出一级指标模块的得分。

$$B_i = \sum C_i \times \beta_i \tag{5.2}$$

其中，B_i 表示一级指标信用得分；C_i 表示二级指标 i 的信用分值；β_i 表示二级指标 i 的二级指标权重。

（4）综合信用评分计算。

每个一级指标模块的得分按其相应的比例，进行加权计算，得出交易主体的综合信用得分，综合信用得分的计算公式如下：

$$A = \sum B_i \times \alpha_i \tag{5.3}$$

其中，A 表示综合信用得分；B_i 表示一级指标 i 的信用分值；α_i 表示一级指标 i 的一级指标权重。

5.2.3 企业信用资本“社会价值”评估案例

国内某大型互联网企业 ABC（中国）有限公司，成立于 2007 年。截止到 2023 年 3 月，通过当地省公共信用信息平台收集的信用信息显示，该企业不在严重失信主体名单中；也不存在经营（活动）异常信息，企业主要人员信用良好；在应缴尽缴方面，金融领域未存在信贷违约记录，能够按要求及时缴纳相关社保和税费；企业管治能力较强，未发生产品质量、安全生产、环境污染等事故；在日常经营过程中，能够做到遵纪守法，未见有行政处罚记录；在社会责任履行方面，有 3 条守信激励记录，分别是 2018 年、2021 年被国家税务总局评定为 A 级纳税人，2019 年被当地政府评定为（第 19 届）浙江省软件业务收入前 30 强企业。因此，根据上述企业信用资本“社会价值”评估指标体系和企业信用资本“社会价值”计算方法，最终基于公共信用信息，ABC（中国）有限公司信用资本“社会价值”的评分为 905 分。

信用分 = 基本情况（80）+ 应缴尽缴（195）+ 管治能力（90）+ 遵纪守法（450）+ 社会责任（90）=905（分）。

5.2.4　模型评价与评估结果应用

在中国社会信用体系建设的实践中，政府通过设置社会信用得分或公共信用指数和标准，对市场主体的公共信用情况进行“量化”评估。国家寄希望于通过对市场主体公共信用状况的显性“量化”的逻辑，一方面提升信用“规制”的有效性，另一方面增强信用“规制”的科学性，同时还能提高“规制”的精准度，从而优化资源配置。目前，广泛开展的企业公共信用综合评价和城市居民个人社会信用积分就是这种逻辑的体现。

本小节参照浙江省地方标准《公共信用评价规范（DB33)》，结合社会价值的特点，构建了企业信用资本“社会价值”。模型在设计指标时充分考虑数据产生的连续性和可获取性。评价使用的信息为公共信用信息，即国家机关、法律法规规章授权的具有管理公共事务职能的组织以及群团组织等在履行职能过程中产生的反映主体信用状况的数据和资料。这些公共信用信息能够反映企业在政府公共管理领域的遵纪守法、履行社会责任表现，从而在一定程度上体现出了市场主体的社会价值。

企业信用资本“社会价值”评估结果是快速识别信用主体风险、优化资源配置、构建以信用为基础的新型监管机制的重要手段。

5.3　个人信用资本的“社会价值”评估

社会价值的测度是世界性、历史性难题。目前，国内开展的城市居民个人信用积分就是利用法律法规、政府规章、合同契约、社会责任、道德文化作为守信与失信记录的判定准则，具有全社会共识的价值准则。居民个人信用积分的高低，可以反映个人遵纪守法、社会责任履行、道德规范遵循的情况，反映了个人对社会的影响，因而可以作为其守信而带来的“社会价值”大小的测度。

5.3.1 个人社会信用评分实践

1. 个人信用评分概述

个人信用评分在国际上已经存在并应用了几十年，它通过对特定人群以往的经济行为所作出的特征分析，来预测该人群在未来的信用表现，一般通过数字或者等级来表示消费者的信用情况。美国是个人信用评分系统的发源地，也引领着征信制度和体系的发展。美国的信用评分最早始于19世纪40年代末，当时，美国有些银行开始进行一些有关信用评分方法的试验，目的是提供一种可以处理大量信贷申请的工具。后来，许多基于统计学和运筹学的定量分析工具被使用。经过较长时间的实践和发展，信用评分的体系和方法得到了完善与广泛的推广。

不同于国外服务于个人偿债信用风险大小衡量的信用评分，我国的个人社会信用评估是对个人是否维护社会良好秩序，是否遵纪守法，是否能承担一个公民所要求的社会责任和履行约定义务能力的考核。

我国的个人社会信用评估着重于评估人们是否遵守规则，这些规则包括家庭伦理、社会政治、经济法律等领域的规定。在任何领域违约（不仅是违法违规，还包括任何违反公德的行为），分数都会受到影响。一方面，银行和网贷等金融机构采用传统的信用评分系统来评估借款人的信用及风险，这是市场导向型的传统信用评分。另一方面，新时代的中国个人社会信用评估旨在规范和引导社会公众行为。

2. 各地开展的个人社会信用评分实践

目前，国内已有多个城市开展个人社会信用综合评分制度试点，评分（积分）标准由地方政府设定。

（1）厦门“白鹭分”。

“白鹭分”是厦门居民个人社会信用积分，是基于厦门市各政务、公共事业部门数据，从基础信息、守信正向、失信违约、信用修复、用信行为 5 个指标设计市民信用评分模型，实时动态计算得出的市民个人诚信分，反映了厦门居民守法履约状况和社会生活信用水平，并通过划分不良、一般、良好、优秀、极好 5 个等级来实现对居民个人行为的有效引导。

厦门市利用个人社会信用积分，在全国首创“个人信用白鹭分 + 平台 + 金融机构”的信用就医模式，市民可“先诊疗、后付费”，还可以获得公益培训、申请人才公寓。

（2）苏州“桂花分”。

苏州市近年来把信用建设作为城市发展的新风尚，探索城市信用建设新模式，提出了个人信用的“桂花分”制度。该评分模型采用层次分析法，从基础信息、稳定信息、品德信息、资产信息、其他信息形成个人评分体系 5 大维度、22 大类 243 个评分指标项，对个人进行大数据分析，形成个人信用“画像”。满分为 200 分，其中基础分 100 分、附加分 100 分。附加分主要由品德指标构成，以鼓励市民参加社会公益活动，如果市民有守信、志愿服务等行为，就会增加附加分。反之，如果有失信行为，就会扣减基础分。

“桂花分”以苏州市民卡为载体，在图书借阅、公交出行、公共场馆参观等多个方面，让守信者得到便利和实惠。“桂花分”高的市民，在享有市民卡优惠基础上还能享受折上 9 折优惠，刷卡还会语音提醒“嘀，诚信市民”。凭借苏州市民卡免押金借阅图书，图书借阅期限由 1 个月延长至 2 个月，一次性借书量由 6 本提升至 12 本；可享受免押金借用公共自行车，免费骑行时间由 1 个小时延长至 2 个小时。

（3）宿迁“西楚分”。

“西楚分”是宿迁市制定的个人信用积分，评价指标主要包括居民基本信息、商务信用信息、社会管理信用信息、司法信用信息、荣誉信息等。西楚分采用千分制，在默认得分为 1000 分的基础上，采用指标加减法和直接降级法得到居民信用得分。该积分制度为 24 类不同程度的守信和失信行为赋予一定分值，表彰奖励、志愿者服务、无偿献血、见义勇为等行为都将成为增加西楚分的重要砝码。相反，行政处罚、交通违章、欠缴水电费等都将被扣减分数；情节严重的，其西楚分将直接降至 D 级（最低级）。

在场景应用上，宿迁重点在公交充值、购买旅游年卡、医疗养老等 20 多个具体环节对守信个人（信用分达 1040）进行激励（如最高可享受公交卡充值 6 折、旅游年卡 5 折购买等优惠）。

3. 个人信用评分实践存在的问题

由于每个城市在信用信息采集的过程中存在差异，评价指标体系也有所不同，个人社会信用评估模型不统一，分值范围不同，难以横向对比。所以在个人信用分的互认环节出现了较大困境，如果不加以有效解决，将很大程度上限制个人信用积分的进一步发展及推广。

一方面，每个个人信用分评价所采集的信用信息数目不同，如“桂花分”有 243 项，“白鹭分”则有 750 项。

另一方面，不同的评价体系所使用的分值体系和评价标准有所区别。对于“桂花分”来说附加分和基础分都为 100。另外加分项为多元，其中志愿者服务、荣誉表彰、资质信用以及献血记录都非常重要；并未将不道德的行为，或者违法犯罪，纳入“桂花分”的减分规则。

而“西楚分”基础分为1000分，无上限。另外，还着眼于社会公共服务工作的相关要求设置不同的指标，其中通信费、电费、水费最为关键，如果失信较为严重则需要扣除160分，如果失信较严重或者是出现一般失信行为，则需要分别扣除80分和40分。在对司法判决类进行分析时，如果失信非常严重则需要降低到D级，如果是较重或者是一般失信则需要分别扣除300分和150分。

通过比较“桂花分”和“西楚分”可以发现，其评价体系差异巨大。首先，分数区间不一，一个最高分为200，而另一个基础分就有1000；其次，加分标准不一，比如无偿献血200毫升，可使“桂花分”加6分，“西楚分”无偿献血的加10分/次，同时，“西楚分”中有骨髓捐献而“桂花分”中未提及；最后，扣分差距极大，“桂花分”鲜少扣分，而“西楚分”最低扣40分，最高直接扣300分，并降至最低等级——D级。正因为其评分体系差异之大，要进行简单的折合并换算存在些许困难。

5.3.2 个人信用资本“社会价值”评估模型

目前各地开展的个人社会信用积分标准不统一，一部分原因是基于各地个人信用信息采集的完善情况不同，另一部分原因是基于各地政府社会治理侧重点不同，但造成了个人社会信用积分的互认困难，不利于不同地区个人社会信用积分的横向比较和应用，还容易造成人力物力的浪费。为了增强个人信用积分的准确性、有效性，需要对个人信用评分实现技术标准化。在未来，不仅应当将一些最低技术标准予以法治化，还应当由全国标准化组织制定统一的国家标准。①

根据个人社会信用评价相关理论与实践，本研究认为，个人信用“社会

① 张涛．个人信用评分的地方实践与法律控制［J］．行政法学研究，2020.

价值”评估模型可以参考“三维信用论”。“三维信用论”认为个人信用是三维的：一维是诚信度，二维是合规度，三维是践约度。参照吴晶妹的《现代信用论》，本研究提出的“三维信用论”，设计了如表5.7个人信用社会价值评估指标体系。

表5.7　　个人信用资本社会价值评估指数体系

一级指标	二级指标	三级指标	分值
诚信度资本（400）	身份特质（40）	学历：本科以下/研究生以下/博士	+6/8/10
		月薪：10000元以下/30000元以下/50000元及以上	+6/8/10
		年龄：30岁以下/55岁以下/55岁及以上	+6/8/10
		婚姻状况：未婚/已婚	+5/10
	家庭美德（100）	尊老爱幼	+20
		男女平等	+20
		夫妻和睦	+20
		勤俭持家	+20
		邻里互助	+20
	职业道德（100）	爱岗敬业	+40
		职业荣誉	+40
		职业污点	-20
		职业能力	+20
	社会公德（160）	文明礼貌	+20
		助人为乐	+20
		爱护公物	+20
		见义勇为	+50
		公益事业	+50

续表

一级指标	二级指标	三级指标	分值
合规度资本（300）	政务信用（200）	政务信用基础分	200
		近三年每出现一次个人一般失信违法行为	-10
		近五年每出现一次个人严重失信违法行为	-50
	司法信用（100）	司法信用基础分	100
		因违法被生效法律文书认定为构成犯罪，被判处缓刑的行为	-40
		被法院列为失信被执行人后，履行相关义务或达成和解协议，申请信用修复的	-40
		通过各种方式规避司法执行的行为	-20
		伪造、毁灭重要证据，妨碍人民法院审理案件的	-20
践约度资本（300）	百行征信（150）	合约履行基础分	150
		百行征信记录中每出现一次违约行为	-20
	人民银行金融征信（150）	金融借贷基础分	150
		人行征信记录中每出现一次违约行为	-30

根据表 5.7 可以得知：

个人信用社会价值得分 = 诚信度资本 + 合规度资本 + 践约度资本

5.3.3 个人信用资本“社会价值”评估案例

1. 王先生个人情况介绍

王先生，男，汉族，1990 年 2 月出生于河南南阳，未婚，2013 年毕业于河南师范大学政治管理与科学学院，思想政治教育专业，本科学历，现工作于南阳市某中学，月薪 20000 元。自 2013 年 7 月参加工作以来，一直担任班主任，连年被学校评为“优秀班主任”，工作成绩优秀。除此之外，他还一直担任初三政治备课组长、初三文科综合组长等，所带班级在历年高考中本科上线人数最多，高考成绩突出，高考业绩显著，获得的市级以上荣誉包括：河南省优质课一等奖、河南省优质课教师、南阳市市级学科技术带头人、南阳市优质课一等奖、南阳市礼貌教师、南阳市优质课教师、南阳市教育中心优秀人才、南阳市优秀青年岗位能手、南阳市市级先进教师等。

王先生坚持每年无偿献血，且曾受到南阳市公安授予的“拾金不昧”锦旗。王先生在学校和小区中有很高的人气，经常帮助贫困学生和生活不方便的邻居，有良好的家风家训，尊老爱幼、勤俭持家。有很强的法治意识，银行信用良好，没有违法犯罪记录，没有卷入合同纠纷。

2. 王先生个人信用资本社会价值评估过程

根据表5.7可知，王先生的身份特质得分为27分（6+8+8+5）。在家庭美德方面，王先生做到了尊老爱幼、勤俭持家、邻里互助，得分应为100。在职业道德方面，王先生热爱教师工作，是爱岗敬业的表现；凭借自己优秀的教学能力，多次获得市级以上荣誉称号，是职业荣誉的体现；无职业污点；依靠自己的教学方法，王先生所带班级在历年高考中本科上线人数最多，高考成绩突出，高考业绩显著，是职业能力的展现，因此，王先生在职业道德方面的得分为100分（40+40-0+20）。在社会公德方面，王先生获得了“南阳市礼貌教师”荣誉，是文明礼貌的表现；被授予“拾金不昧”锦旗的行为，是助人为乐的表现；每年参与无偿献血的行为，是在为社会公益作贡献，因此王先生在社会公德方面的得分为90分（20+20+50）。王先生在政务和司法方面没有违法行为，因此政务信用得分200，司法信用得分100。在百行征信和人民银行金融征信方面同样没有违法行为，所以王先生的践约度资本得分为300分（150+150）。

综上所述，王先生的诚信度资本=27+100+100+90=317（分）；合规度

资本 =200 +100 =300（分）；践约度资本 =300（分）。

王先生的个人信用资本社会价值得分 =317 +300 +300 =917（分）。

3. 案例分析

从本案例中可以看出，王先生整体得分较高。根据表 5.7 可知，得分为 850 ~1000 时，个人信用为极好，具有很高的家庭美德、职业道德、社会公德，能够遵纪守法、履行承诺，个人的诚信行为对社会贡献了较大价值。

5.3.4 模型评价与评估结果应用

根据信用的“社会责任论”，恪守信用是一种社会责任。社会公民应履行社会责任，创造社会价值。政府设置的社会信用或公共信用评估指数和标准，应体现社会价值导向，尤其在具体评价指标设置上，应重点考虑社会价值应该覆盖的范围。当然，社会信用评价指标体系的设置需要多方面的考虑和权衡，一开始很难尽善尽美，需要在实践中不断完善。本书设置的个人信用资本“社会价值”评价指标体系也是如此。

开展个人信用资本的社会价值评估，有助于树立人们诚实守信的荣誉感，营造人们崇尚家庭美德、职业道德、社会公德的社会氛围，提升社会信用水平。开展个人信用资本的社会价值评估，其评估结果有利于政府有针对性地开展信用激励政策。

第3篇 信用资本评估结果如何应用：优化资源配置

信用资本价值的量化评估，可以直观地显示信用的价值，使得信用主体能够清楚地看到守信行为和失信行为给自身带来多大价值的影响，有利于信用主体的决策。因此，信用资本价值评估结果能够促进信用主体的持续守信。除此之外，信用资本的价值评估结果“信号”能够像市场中价格信号一样，促进资源优化配置。

社会信用体系建设是新时代具有中国特色的社会治理方法，这种新的伟大实践需要理论创新。2022年3月中共中央办公厅、国务院办公厅印发了《关于推进社会信用体系建设高质量发展 促进形成新发展格局的意见》，开篇提出，完善的社会信用体系是供需有效衔接的重要保障，是资源优化配置的坚实基础；要求扎实推进信用理念、信用制度、信用手段与国民经济体系各方面各环节深度融合，进一步发挥信用对提高资源配置效率的重要作用。

近年来，为激发信用在促进社会资源优化配置中的巨大潜能，社会信用代码制度、信用积分制度、信用红黑名单制度、失信联合惩戒机制、失信被执行人限制制度等一系列政策文件陆续在我国出台实施，各类涉及信用的规则使得守信导向在全社会得以倡导，信用正被密织于社会生活的各个领域。

党的十八大以来，特别是十八届三中全会作出全面深化经济改革的决定，明确提出了市场配置资源的决定性作用，同时更好发挥政府作用。市场经济是信用经济，信用是市场经济的道德基础和灵魂。党的十八届三中全会提出，要发挥市场在资源配置中的决定性作用，而建设统一开放、竞争有序的市场体系是使市场在资源配置中起决定性作用的基础。在完善的社会信用体系基础上，信用也可以像价格一样发挥指挥棒的作用，使交易更多地向诚信主体集中，从而实现资源的优化配置，促进效率和公平的提升。信用可以缓解市场配置资源过程中的信息不对称问题和市场中契约不完备问题。信用优化资源配置可以借助信用资本的价值评估结果信号。

第6章

信用资本价值评估结果的应用
——促进资源优化配置

资源配置的基本类型除市场配置和政府配置外，还存在第三种补充性配置力量，即社会公共道德（如民俗习惯、诚信品质等）和非营利性组织（如慈善机构）等方面的配置力量①。著名经济学家厉以宁曾指出，市场是在人类有了剩余商品之后才出现的，而政府出现就更靠后了，因此，在市场和政府配置资源之前，在人类漫长的历史中，社会资源配置一直受到道德这类力量的调节。

无论在产品市场还是资本市场，信用都是维持交易关系的一种不可缺少的机制。信用是拥有私人信息的交易一方向没有私人信息的交易一方

① 严清华，常庆欣，杜长征．第三配置经济学研究刍议［J］．经济评论，2007（5）：8－14.

作出的一种承诺。在产品市场上，信用是卖者对买者作出的不卖假冒伪劣产品的承诺。在资本市场上，信用是企业家、经营者对投资者（股东、债权人）作出的不滥用资金的承诺。现代社会，信用既是道德，又是一种市场制度，也是一种社会规则。[①] 信用作为一种资本（可以说是道德资本的一种形式[②]），属于第三配置的一种力量，具有优化资源配置作用。

6.1 信用资本是优化资源配置的力量

6.1.1 资源配置方式的基本类型

在经济学中，一般假定资源是有限的（稀缺性），而人类需求是无限的，因此，这种有限资源与无限需求的矛盾就是资源配置面临的问题，这个问题是经济学长期关注的问题。

资源配置的目标是通过资源的合理配置与利用，使有限的资源取得最大效益。这些效益包括：①消费者个人效益；②企业效益；③国民经济效益；④社会效益。市场配置资源往往会忽视社会效益，如社会公平问题。

资源配置需要通过一定的机制实现，主要机制有：①动力机制。这主要来源于经济主体对自身利益的追求。②信息机制。选择资源配置方案时，需要以及时全面的信息为依据。③决策机制。分为集中权力体系和分散的权力体系。从信息机制可以看到，无论是市场配置资源，还是政府配置资源，都需要及时全面的信息，而信用资本有助于信息不对称问题，因此，信用资本有助于促进市场和政府更好地配置资源。

---

① 李新庚．信用论纲［D］．北京：中共中央党校，2003.

② 王小锡．道德资本与经济伦理［M］．北京：人民出版社，2009.

市场经济条件下，资源配置方式主要有市场配置、政府配置和第三配置这三种基本类型。

1. 市场配置方式

市场配置方式是指依靠市场机制的作用来配置社会资源。市场机制依靠价格这个“看不见的手”配置资源。在市场配置方式下，资源配置的决策者是各个分散的、独立地追求自身经济利益最大化的市场主体，产品稀缺程度的信号是市场价格。

市场配置能促使资源向效益更好的环节集中，促进效率和效益提高。但由于存在公共品、垄断、信息不对称、经济活动的外部性等情况，市场配置也存在失灵问题，特别是市场配置中按生产要素贡献和市场效率进行收入分配，容易造成社会贫富差距过大。

2. 政府配置方式

政府配置方式是指依靠政府计划指令来配置社会资源。这种资源配置方式是计划经济体制中占主导地位的资源配置方式。计划经济体制通常实行高度集中的政府行政性指令计划，资源配置的决策者是政府专门设立的计划部门，配置资源的手段是以行政指令形式下达各种产品的计划生产指标，生产要素实行统一调拨，计划平衡预决算的差额，而非产品价格成为产品稀缺程度的主要信号。

这种资源配置方式在市场需求比较简单、易于收集真实需求数据、企业数量相对较少的条件下有效。但这种计划配置随着经济条件和经济环境的变化而暴露出明显的缺陷。一是信息缺陷。计划者无法准确地收集到种类繁多的市场需求的全部信息，因而也就无法确定生产要素的配置计划。二是动力缺陷。从计划的制订实施到调整和修正，均依靠行政指令来实现，整个社会经济活动缺乏活力。三是协调缺陷。信息和动力缺陷导致计划配置方案难以符合社会实际需求，计划适应需求变化和协调生产与需求之间平衡的过程缓慢。四是配置成本缺陷。计划体制下需建立从中央到地方直至企业的计划机构，不断膨胀的管理机构，增加了资源配置成本。

3. 第三配置方式

第三配置是指由市场和政府之外的第三种力量来实施资源配置。第三配置具有丰富的内涵，主要内容大体包括：（1）社会精神力量。这是支撑人们行动的精神动力源泉，如世界观、道德观、社会信仰等。（2）社会制度力量。这是规范人们行为的规则，包括成文的社会正式制度，如法律、乡规民约等，以及不成文的社会非正式制度如习俗、社会惯例等。（3）社会组织力量。这是以组织形式存在的第三配置力量，包括非营利性的社会团体、民间组织、行业协会、慈善机构等。

相对于政府配置和市场配置，第三配置具有自发性、非强制性、广泛性、隐蔽性、实施成本低、高路径依赖性、一定程度的封闭性等特点。

6.1.2 资源配置的学术观点

学术界对资源配置问题的观点大致可以划归为以下四种学派。

一是计划经济学派。这类学派的学者坚持政府计划配置社会资源，尽管也承认市场在资源配置上的优点，但在他们看来，政府是经济的主导，市场不过是实现政府意志的手段，这种手段的应用范围可宽可窄，完全由政府来控制。

二是市场失灵学派。这类学派的学者意识到市场存在失灵的问题，故而提出政府应在市场失灵的领域进行干预，但在市场机制有效的领域，政府不应实施干预。

三是双失灵学派。这类学派的学者承认政府和市场都会失灵，而且政府失灵的危害更大。因此他们主张，市场失灵不是政府干预的理由，政府干预的范围应尽量缩小，小到只起到“守夜人”角色即可。

四是第三配置补充学派。这类学派的学者认为既然存在政府和市场双失灵问题，因此他们提出由第三配置进行补充，市场配置、政府配置和第三配置协调运行。

在社会主义市场经济条件下，如何培育适合我国国情的、与市场经济建设相适应的、与市场配置和政府配置协调发展的有效的第三配置，是扩大内需、实现经济增长与共同富裕过程中面临的一个重要的崭新课题。我国从事第三配置研究的学者陈瑞计教授指出，只有市场配置、政府配置与信用道德机制这三种力量协调补充、相得益彰，才能保证我国社会经济公平、有效运转。

6.1.3 信用资本作为第三配置参与资源配置的必要性

第三配置自古有之，它与政府、市场共同构成社会资源配置的整体体系，只是不同历史时期各种配置方式所起的作用大小不同、所占的比重不同而已。信用道德等配置力量作为人类社会交往的基本行为规范，出现于人类社会的初期。可以说，信用规范、信用观念与人类社会发展史一样源远流长。在原始社会就存在信用道德的力量，调节着原始部落中人的行为，和其他第三配置力量一起发挥着资源配置作用。人类发展进入近代历史，信用道德等配置力量的调节作用似乎有逐渐弱化的迹象，其发挥作用的范围在缩小，但它仍然是存在的。即便在市场作用无处不在的当代经济活动中，信用道德力量的调节依然出现在人们的经济交往中。这不仅是一种客观的存在，更是人类文明发展的需要。信用道德力量的作用与市场的作用是一种辩证矛盾的关系，两者既存在着相互区别、互相背离的情形，又有着互相渗透互相作用的情形①。

① 陈端计．中国第三配置的制度变迁分析［J］．云南财经大学学报，2007（1）：3－7．

1. 第三配置方式配置资源具有现实必要性

首先，市场配置和政府配置存在着局限性。市场机制只能对市场交易的经济活动进行调节，而不能对非市场交易活动进行调节；根据利益原则或重要的“货币选票”来进行选择，而不能顾及社会经济活动的一些更为本质的目标，如人的幸福与发展等。虽然政府配置可以在一定程度上弥补市场配置的缺陷，它可以基于宏观经济战略和社会公正原则来调节社会经济运行，克服市场机制的自发性和片面性对经济以至整个社会生活的消极影响，但政府配置本身也存在着局限性。社会经济活动是极其复杂且变幻莫测的，而政府所能获得的信息则存在着不完全性和操作功能有限性，这就导致政府行为有可能偏离经济活动的客观规律，扭曲经济运行。

其次，单纯依靠市场配置和政府配置也会造成一些社会资源的浪费。市场配置是一种自发调节，它往往通过反复的“试错”才能实现，这常常导致资源的无效损耗。政府对经济的调节要通过诸多正式法规和组织来实现，其调节成本往往是很高的。特别是当人们缺乏道德自律时，成本可能是极为巨大的，效果也无法保障。

最后，市场配置和政府配置本身也蕴含着道德伦理。经济调节理论的大量假设前提如理性行为等概念都包括与道德观念有关的思想。政府在调节经济运行实际上也要依据一定的伦理原则来进行，如社会公正原则等。因而，在现实生活中第三配置方式的存在是完全必要的。

2. 信用资本是一种重要的第三配置力量

（1）信用资本参与配置资源可以让经济更有活力。

契约理论认为经济生活中的各种交易和制度都是一种契约。例如，商品买卖是一种契约，企业员工雇佣是一种契约，法律也是一种契约。在法国大思想家卢梭所著写的《社会契约论》中，他将制度看作公民和政府之间的一种契约。由于当事人的有限理性，其不能预见将来所有可能出现的情况，加上信息不对称，以及缔结涵盖所有情况的契约需要付出高昂成本的原因，这使得契约不能对未来所有或然事件及其相关责任权利作出明确规定。另外，契约执行中的某些信息对于当事人双方可能是可观察的，但对第三方（如法庭、政府管理部门）是不可证实的，导致第三方在执行契约关键条款时存在困难。因此，契约注定是不完全的，当事人就可能出现机会主义行为，例如有人会敲竹杠，有人会偷工减料。不完全契约是指缔约双方不能完全预见契约履行期内可能出现的各种情况，从而无法达成内容完备、设计周详的契约条款。契约不完全所带来的后果就是将削弱事前的专用性投资激励，导致事前投资效率低下。

除了人的有限理性和交易成本，信息不对称是导致契约不完全的一个重要原因。不对称信息是交易对方所不知道的信息，尤其是交易对方无法验证的信息，具体包括两大类：一类是事先外生的不对称信息，它涉及交易对象本身的属性特征，例如商品质量、员工的真实能力，属于隐蔽信息，容易导致逆向选择问题；另一类是事中内生的不对称信息，它是指契约签订后不可观察、无法监督的行为信息，属于隐藏行动，容易导致道德风险问题。信息经济学认为，信息不对称造成了市场交易双方的利益失衡，影响社会的公平、公正原则以及市场配置资源的效率。

信用资本可以减少信用主体的机会主义行为，缓解信息不对称、减轻不完全契约问题，提升契约执行效率。大量研究表明，在信息不对称及契约不完全情况下，交易双方的信用信息可以降低交易费用、形成稳定预期、促进合作、促进契约的执行及事前的专用性投资等，提高社会效率，对宏观经济发展和企业微观行为均具有显著影响。

现实中的简单例子如：2015 年 6 月我国搭建了全国信用信息共享平台——信用中国，大家可以通过该平台查询各法人单位的信息，输入其社会信用代码，就可以查到它的诚信情况。该平台建成之前，企业因缺乏对交易对手信用状况的了解，很难建立信任进而形成合作关系。现在通过便捷的查询，使企业决策效率大大提升，整个国民经济运行成本也随之下降，中国经济更具活力。

（2）信用资本参与配置资源可以使社会发展更公平。

联合国发布的《2020 年世界社会报告》显示，世界范围内贫富差距有进一步扩大趋势。《2020 年美国侵犯人权报告》指出，美国贫富日益分化，加剧了社会不公。在完全市场经济国家，按照实物资本配置资源是导致贫富差距的原因之一。拥有很多实物资本的富人可获得更多机会，利用其拥有的实物资本进行再生产或者再投资，以获取更加丰厚的收益；而没有实物资本的穷人将会变得愈加贫困，生活状况更加不好。

①实物资本配置资源不利于社会公平。

在传统经济条件下，经济个体展开生产的前提条件是必须拥有厂房、机器设备、资金等实物资本，也只有具有实物资本企业才能开展正常的经营活动，获得更多的经济利润。同时，在传统的信贷机制下，获取银行贷款必须有实物资本抵押或质押，经济个体只有以厂房、土地、机器设备、知识产权、应收账款等实物资本抵押或质押给金融机构，才能获得贷款，分配到金融资源。另外，资金、财务、实物资产规模等有利于经济个体拓展业务，拥有较多的实物资本有助于经济个体获取发展机会，分配到更多的发展资源。

通过实物资本配置资源虽然可以降低社会经营风险，但也会导致社会资源过度集中在拥有实物资本的经济个体。拥有的实物资本越多，获取的资源越多，发展机会越多，从而导致实体资本进一步增加。同时，没有实物资本的经济个体难于获得资源，发展机会较少，导致其实物资本更少。实物资本配置资源的方式会使得拥有实物资本经济个体“富者愈富”，而缺乏实物资本经济个体“穷者愈穷”，使得社会贫富差距加大。可见，实物资本配置资源的方式存在固有的一些缺陷，不利于调动市场经济参与者的积极性，也不利于和谐社会的构建。因此，需要采用一种新的方式来配置资源，解决实物资本配置资源所带来的一系列社会治理问题。

②信用资本配置资源有利于社会公平。

根据现代信用学基础理论，信用涉及经济交易、社会关系、社会管理等多方面。对于经济个体来说，信用是其获取社会信任的资本，是其个人财富，具有较大的价值。对于社会群体来说，信用是经济个体之间、经济个体与政府监管者之间的社会关系，信用可以增加经济个体之间的信任关系，降低交易成本，是全社会的资本和财富。因此要加强信用建设，提高信用对于经济个体和整个社会的价值，充分发挥信用资本配置资源的作用。

信用资本可以使资源配置更加多元化、更加公平。当信用资本可以配置资源时，每个人都可以通过自己建立与积累的信用获取相应的社会资源。一方面，信用资本可以帮助更多的穷人获得社会资源。信用资本配置资源可以使没有实物资本的经济个体利用自己积累的信用资本得到社会资源，获得更多的发展机会①，打破“富者愈富、穷者愈穷”的恶性循环。另一方面，信用资本可以优化过滤非法手段获取财富。信用资本配置资源可以使得信用具有一票否决的作用。如果经济个体没有信用，就没有一切，也难以获取经济资源。如果缺乏或违反信用规则，就算具有雄厚的实物资本，也一定会受到惩罚，甚至被淘汰。因此，按照信用资本配置资源可以增加缺乏实物资本的经济个体参与分配社会资源的机会，提高其获取更多财富的可能，有利于缩小收入分配不公。同时，也可以最大化地提高社会公众的综合福利，减少社会矛盾，有利于构建和谐社会，促进经济社会持续稳定健康发展。

3. 如何推动信用资本促进资源优化配置

信用资本是每个市场主体都拥有的，不能继承和转赠，生不带来、死不

① 吴晶妹．现代信用学（第二版）［M］．北京：中国人民大学出版社，2020.

带去，要靠自己用一生时间一点一滴积累，这是信用资本与实物资本最大的不同，是信用资本的基本特征。充分发挥信用资本优化资源配置的作用，才能促使经济个体通过自身努力积累信用资本，并以所积累的信用资本参与社会资源分配，既能提高经济活力，也有利于社会公平。

当前，实物资本在资源配置中仍然起主导作用，信用资本的价值仍然较小。基于前述分析，应强化信用资本在资源配置中的作用，要让信用由道德理念向有价值的资本转变。因此，要建立经济个体按信用资本高低公平分配社会资源的制度，使信用良好的经济个体获得更多的资源与机会，获得更好的发展，而信用较差的经济个体在获得发展资源时受到限制与约束。

一方面，倡导和使用信用产品与服务，使信用资本成为“硬通货”。在供应商采购、银行放贷、商务洽谈、招投标等方面，要参考经济个体的信用报告，优先考虑信用记录良好、信用资本高的经济个体作为交易对象。拥有信用资本越多，越能获得更多的社会资源，在供应商采购、银行放贷、商务洽谈、招投标等方面获得更多的便利。以信用资本的高低作为门槛或条件，确定某种资质或机会或授信额度等，促使信用由“文化”“道德”变成“商品”“资本”，充分体现信用资本的经济价值，使信用资本成为“硬通货”。只有这样，社会中各经济个体才会更加重视自身信用，善用信用资本，社会秩序及商业环境也会因此得到较大的改善。

另一方面，限制严重失信的经济个体获取发展资源的机会。对于被列入失信被执行人、重大税收违法案件当事人名单、政府采购严重违法失信名单等失信记录名单的企业，将其排除在政府采购、招投标等活动之外。要将项目资源、资金资源、合作机会等向信用资本良好的企业倾斜。

只有如此，才能强化信用资本在资源配置中的作用，既可以使得经济个体自觉维护社会信用关系与珍惜自己的信用资本，也可以促使社会更公平，经济更高效。

6.1.4 信用资本的“价值”信号与优化资源配置

资源的稀缺性是人类社会面临的重大困境。资源配置是指将相对稀缺的资源在各种不同用途上加以比较权衡后作出的选择。资源合理配置是现代经济学的永恒主题，也是每一经济制度的基本问题。优化资源配置是实现经济高质量发展的重要抓手[①]。资源配置中，市场“看不见的手”和政府“看得见的手”都发挥着调节指导作用。信用资本作为一种社会交易资格、条件、门槛和社会基本要求，参与资源配置的调节，是市场“看不见的手”和政府“看得见的手”之外的另一种调节方式，即第三种调节[②]。

市场经济中，资源配置通过价格信号的市场机制来实现。价格的信号机制利用人类追逐利益的本能，在价格反复涨跌中灵敏地调整市场供求关系并激发市场竞争，以此诱导资源流向，实现资源有效配置。价格这只“看不见的手”因此被视为市场调节资源配置的理想工具。

信用资本作为一种新型的社会资源配置要素，其资源配置功能的发挥需要借助信用资本的各种价值评估结果信号。在市场和政府资源配置的过程中，发挥信用资本的作用，有助于社会经济高效率地运行。

6.2 信用资本的“融资价值”信号与金融市场资源优化配置

中国作为新兴市场国家，股票市场尚不发达，债务融资是企业获取外部资金的最主要方式。在金融资源配置方面，我国存在的问题是：一方面，部

① 陈登科．优化资源配置助推经济高质量发展［Z］．中国社会科学网，2020.

② 信用资本的资源配置作用也可以分为辅助市场主体作出配置决策和辅助政府作出配置决策。

分大型企业过度负债，杠杆率居高不下，金融机构过度授信，但这些过度负债企业投资效率较低，部分实体企业呈现金融化、虚拟化趋势。这些过度负债的大型企业真的会“大而不倒”吗？另一方面，大量中小微企业和个人急需金融支持，但贷款很难，缺乏授信。因为金融机构缺乏对中小微企业和个人信用资本的了解；同时，金融机构急需寻找信用资本好的优质客户，扩大信用规模，提高金融机构的效益，但苦于对中小微企业和个人信用信息掌握不够，无法评价和判断，因而宁可不贷，也不愿冒着坏账风险贷款，从而导致不贷、少贷。这几个金融资源配置中的“死结”，必须解开。

信用资本的融资价值信号将有助于金融机构合理确定对融资贷款需求者的信用额度。这不仅可以实现金融机构利益最大化，而且能够保证不同规模的企业可持续性发展，进而为国民经济发展起到一定的积极作用。

6.2.1 金融资源配置存在的问题

1. 金融的发展与贫富差距的拉大

金融发展不仅对经济方面有影响，也会对一个社会的收入分配和贫富差距等各方面产生深层次影响。

从理论上来说，金融的发展应该会提高资源配置的效率，减少借贷的摩擦，从而促进经济的增长，进而提高社会所有成员的收入水平。但它忽视了很重要的一点，那就是并不是所有群体都均等地享受了金融发展的益处。当前银行业在“锦上添花”信贷文化影响下，更愿意将资金贷给有经济实力的人群，造成金融资源的结构性错配。另外，对于保险业来说，保险的初衷是分散风险，对遭遇风险的人群给予保障，然后获得保障的前提是购买保险，而能够花钱投保的基本上是富裕人群，这就导致富人有保险，穷人反而没有保险，一旦遭遇风险时，富人受到的影响小而穷人受到的影响大。对于低收入人群来说，融资方式还是主要依赖家庭成员之间的“关系借贷”等非正规融资方式，而那些正规的融资渠道所提供的融资便利，几乎由高收入群体享受。在这种情况下，金融发展不仅不会促进经济社会的进步，反而会进一步拉大贫富差距。

因此，金融政策不能仅强调效率，否则会成为扩大贫富差距的“加速器”。金融资源本身是稀缺的，该稀缺性会导致市场资源流向最有效率的部门，有了资源则会有更多的机会发展，效率进一步提高，有资源的部门会进入“良性循环”，但是缺乏资源的部门就会陷入“恶性循环”。再者，由于市场上的信息不对称与道德风险的存在，金融机构在面临各类投资者时，为了节省人力、物力成本，提高效率，总是选择财力一直良好的企业或个人进行服务，一些潜在的或者处于劣势的需求者，则被拒之门外。这种金融资源所表现的“唯效率效应”会明显加剧贫富差距。

2. 部分大型企业过度负债，呈现金融化趋势

企业规模因素对金融资源配置效率有很大影响，很多大型企业的金融资源非常充沛，会导致资金浪费，投资效率的低下；部分大型企业甚至出现过度负债，杠杆率居高不下，金融机构过度授信，但这些过度负债企业投资效率较低，部分实体企业呈现金融化、虚拟化趋势。

企业如果借款过多，但其经营活动所得的现金流又无法偿付贷款的话，资金链就存在断裂风险，可能会让一个昔日商界巨头轰然倒塌。相应地，如果银行过度放贷，可能会增加自身的坏账、提高不良资产率。而这种情况在全国范围内发生，很可能会引发系统性金融风险，造成毁灭性的经济危机。

3. 小微企业贷款占比较低，融资难、融资贵

国有企业凭借政府背书优势，比较容易获取贷款、发行股票债券进行融资，相比之下，民营小微企业因为抗风险能力差，经营不稳定等劣势，获取

金融资源数量相对不足，小微企业融资难融资贵也是突出问题。小微企业的重要性不言而喻，我国广泛流传的民营经济“五六七八九”说法，即其为国家贡献了50%以上的税收、60%以上的国内生产总值、70%以上的技术创新成果、80%以上的城镇劳动力就业、90%以上的企业数量。小微企业是保就业的主体，对其金融支持力度需要持续加大。

6.2.2 信用资本有助于优化金融资源配置

1. 金融资源需要公平配置

金融资源配置是否公平，在金融需求者层面体现为发展公平。金融需求者处于各种行业、不同规模企业、各类群体、各个地区之中。不同地区、不同规模企业、各类群体间的财产、身份、地位、能力以及不同产业发展前景等因素的差异，在市场经济中将直接体现为市场主体的金融资源竞争能力的差异，并因此导致金融资源的非均衡配置，进而影响经济的协调发展。金融资源在某个行业、某个地区、某个群体中过度聚集，就会遏制其他行业、其他地区、其他群体的发展，进而引发恶性循环。

面对已经存在的金融资源配置非均衡现状，发展公平的提出很是必要。发展公平是指一切有金融需求的行业、地区、群体，包括弱势行业、落后地区、贫困群体作为整个社会的组成部分，都是金融体系的服务对象，都有平等获取金融资源的权利。优势行业、发达地区、富裕群体对金融资源的获取不应以减少甚至牺牲其他行业、区域、群体的发展为代价。发展公平追求的是平衡、协调、可持续的发展。

只有将包括贫困群体、落后地区、弱势行业在内的金融需求者都纳入金融资源配置的范围，才能使过去被排斥在金融服务体系之外的大量弱势群体获益，才能使社会中的绝大多数人，包括贫困、偏远地区的金融需求有机会得到满足，才能实现社会协调发展。

2. 信用资本的融资价值信号有助于优化金融资源配置

对于金融机构而言，按客户的信用资本融资价值的大小确定其能够获得的信用额度，有利于金融机构合理确定授信额度，实现整体信贷资源在客户之间的有效分配和利用，保障了其信贷资源的最佳利用和利润最大化。

对于大型企业而言，按自身的信用资本融资价值的大小确定其最高负债额度，有利于大型企业控制负债规模，避免出现过度负债，从而出现财务危机，危及企业可持续发展。

对于中小微企业而言，按自身的信用资本融资价值的大小向金融机构申请贷款，有利于中小微企业快速获取发展所需的资金，促进中小微企业的发展。

对于个人而言，个人信用资本融资价值的大小直接影响到个人能够从金融机构获得的金融资源。在中国大力推行“国内国际双循环”战略背景下，如何充分释放我国超大规模的内需潜力，个人信用消费贷款被寄予厚望，而这有赖于如何充分挖掘个人信用资本的融资价值。

6.3 信用资本的“品牌价值”信号与产品市场资源优化配置

6.3.1 产品市场资源配置存在的问题

在产品市场资源配置方面，受价格“指挥棒”的影响，中国很多企业过去采取的“低价换规模”式的策略，实际上是一种粗放的、低端的制造。企业存在的问题是：一方面，企业低价竞争，利润薄，难以积累利润用于研发，产品技术和质量不高，缺乏品牌建设，产品卖不出去，然后再降价销售；另一方面，企业不注重信用建设，导致多年已经积累形成的品牌在一夜之间轰然倒塌。

品牌的形成一般是产品质量得到了社会认可。一个行业中知名品牌的出现，对于规范行业内竞争混乱的局面会有积极作用。这也有利于社会资源向优势企业集中。品牌是市场经济的产物，而且是市场经济下突破地区界限，进入全球市场的有力武器。20 世纪 50 年代后，西方发达国家利用品牌优势强势进入工业相对落后的国家和地区。在 WTO 市场准入规则的庇护下，西方工业化国家攫取了品牌带来的巨额利润。世界上的经济强国，无一例外都是利用品牌优势在全球市场抢占市场份额。品牌给企业带来了丰厚利润，品牌多少也代表一个国家的经济实力。品牌建设，能促进产业结构调整和优化资源配置，从而提高竞争力。

当下，中国实施供给侧结构性改革，在“双循环”战略驱动下，从制造业大国转变为制造业强国的背景下，靠低价竞争，是打造不出高质量中国产品的，是难以实现高质量发展路径的。只有实施品牌战略，构建品牌信用资本、促进品牌建设，占领品牌高地，才能在无形中增加取胜筹码。信用资本的“品牌价值”信号将有助于消费者降低选择成本，促进社会资源向具有品牌的企业聚集，有利于形成规模效应，促进技术和产品质量提升，有利于经济高质量发展，进而提升资源配置的效率和效果。

6.3.2 品牌的市场资源配置功能

卖方经济条件下，价格机制调节市场供求，对资源实现合理配置。此时资源的配置效率依赖于企业生产效率，市场将资源配置于生产技术水平高、管理效益好的企业以实现高效的资源配置。过剩（买方）经济条件下，消费者选择的多样性使得市场配置资源不但要依靠价格，还要依靠品牌。因此，衡量资源配置效果不仅要关注企业的内部生产效率，还要考虑外部消费者的选择效率，这就要求既要从生产者角度，又要从消费者角度对资源配置效率进行全面分析。品牌作为媒介，在资源配置中具有突出作用。

（1）品牌能降低消费者选择成本，提高选择效率。信息时代，各类信息浩如烟海，信息爆炸式地涌入人们的大脑，甄别信息、作出合理决策成为人们生活的巨大成本。畅游在商品信息大海之中，如果没有品牌作为选择参考，作出选择将耗费大量成本。而依据品牌，很容易作出选择，能够节约巨大的社会选择成本。

（2）以品牌作为选择媒介，更能够使得高效率生产者脱颖而出。虽然企业高效率生产不代表消费者能高效选择该企业产品，但那些选择效率高的品牌往往是具有较高生产效率的。作为理性的消费者，在作出选择时，将货币投给哪个品牌，背后是对产品质量、售后服务、性价比等长期检验的结果。

（3）品牌能够满足消费者的情感诉求，提高消费者效应。品牌包含功能利益和情感利益，随着社会经济的发展，人民生活水平不断提高，消费者精神层次的需求不断提升，如消费者购买衣服所追求的利益点，之前可能更多地关注御寒功能，如今更多地关注美观、时尚等诉求。品牌包含了产品的综合信息，名牌产品不但代表了优秀的品质、良好的售后服务等特征，更能与消费者形成情感共鸣，甚至成为特定购买群体身份地位的象征，品牌产品符合消费者需求层次提升的趋势，为消费者带来更高的效应。

（4）品牌能够为生产者带来利益。虽然品牌建设需要不断的投资，但品牌是种无形资产，是一种无形财富，具有溢价能力，能够给企业带来超额收益。

市场经济条件下，在“选择爆炸式增长”时代，选择难题弱化了单纯价格机制在资源配置中的作用，此时品牌的作用凸显出来。品牌作为排他性的品类符号，通过降低消费者的选择成本提高选择效率，实现资源的有效配置。品牌配置资源过程具有以下优势：增加社会无形财富、节约社会选择成本、提高消费者效用、引导社会资源流向优质企业等。因此，品牌这只“无形的手”，在价格机制的主导下，使得“选择爆炸式增长”时代的社会资源配置更趋合理，以品牌为媒介的资源配置方式能够优化社会资源配置，提高社会的整体福利水平。

6.3.3 信用资本促进品牌建设，进而影响市场资源配置

“十四五”规划和2035年远景目标纲要指出，深入实施质量提升行动，推动制造业产品“增品种、提品质、创品牌”，开展中国品牌创建行动，保护发展中华老字号，提升自主品牌影响力和竞争力，率先在化妆品、服装、家纺、电子产品等消费品领域培育一批高端品牌。《关于推进社会信用体系建设高质量发展促进形成新发展格局的意见》明确提出，开展中国品牌创建行动，推动企业将守法诚信要求落实到生产经营各环节，加强中华老字号和地理标志保护，培育一大批诚信经营、守信践诺的标杆企业。加强品牌建设是推动经济高质量发展的题中应有之义，是顺应人民美好生活新期待的客观要求，而信用资本将有助于促进品牌建设，从而最终影响市场资源配置。

1. 信用与品牌经济的关系

信用是品牌经济运行的基石。没有信用，就没有市场及品牌存在的基础。

西方发达国家顺应市场经济发展的趋势，建立了品牌信用管理体系，形成了以品牌为核心的信用环境与信用秩序，有力地促进了品牌经济的发展①。在我国，符合市场经济要求的品牌信用体系建设刚刚起步。随着我国经济的快速发展和市场化程度的提高，客观上对品牌信用体系的建立提出了紧迫要求。

信用是消费市场信任的源泉。品牌信用体系的核心作用在于，记录品牌主体信用状况，揭示品牌主体信用优劣，警示品牌主体信用风险，并整合全

---

① 详见由新华信用和国家广告研究院联合发布的《2021中国品牌信用发展蓝皮书》。

社会力量褒扬诚信，惩戒失信。约束品牌的失信行为，督促品牌在市场上进行公平竞争。所有这些，都是为了能够不断提升整个社会对消费市场的信任，进而减少消费决策成本，提升市场消费的规模和质量。品牌信用是社会信用体系中非常重要的、不可或缺的组成部分。但是，一直以来，品牌信用体系建设是我国社会主义市场经济发展的一个薄弱环节，已成为影响和制约市场经济发展的突出因素。由于缺乏足够的信用，直接导致不少企业陷入危机。面对这种情况，建立和健全品牌信用体系就成为当务之急。

2. 信用资本促进品牌效应发挥

在“选择爆炸式增长”的时代，品牌作为一种稀缺的经济资源，其本质上是一种信用资本。随着社会生产力的发展，人们可选择和消费的商品和劳务极大的丰富，品牌作为商品和劳务的综合性的载体，逐渐成为人们选择的对象。消费者的购买行为实质上是与企业之间的一种交易契约，而消费者实施购买或企业实现销售的基础却是消费者对企业、对品牌的信任。伴随着交易的经常发生，这种消费者对企业、对品牌的信任逐渐演变成企业或品牌拥有一种信用资本。这种信用资本是企业的一项无形资产，而事实上，这种能够带来巨大、持续收益的无形资产的来源无非也是建立在企业信用、品牌信用的基础上的。

当消费者面对众多品牌时，通常会选择所信任的品牌。消费者一旦信任一个品牌之后，就会产生大量重复性购买，这就是信用资本的品牌效应。由于信用资本具有品牌效应，品牌从最早期的简单符号逐渐变成一种信用，这就是品牌信用。信用资本的品牌效应促使品牌信用的形成，信用资本也促进品牌效应发挥①。

（1）品牌信用资本高低是消费者选择的依据。消费者选择某个品牌并购买其产品，实质上是与企业进行了一场契约交易。在达成交易契约之前，消

① 彭程．浅谈品牌效应与品牌信用［J］．企业家天地，2007（5）：90－91.

费者通过各种品牌所拥有信用资本传递的信息对它们进行对比。然而，达成购买或交易契约的前提就是消费者对所选择品牌的信任，而这种信任是建立在企业具有较高信用资本基础之上。信用资本通过两个方面来影响消费者的选择与购买：一是较高信用资本的品牌能满足消费者需求，信用资本的信号机制传递了能给消费者带来产品功能效用与情感效用的承诺，同时在消费者购买后，信用资本的信号机制提供了能够履行满足消费者需求所做承诺的保障。二是信用资本的信号机制降低了消费者在选择与购买过程中由于信息不对称、自身局限等所带来的成本和风险。因此，信用资本是消费者选择和购买的参考依据，更是品牌效应产生的基础。

（2）品牌信用资本可以为企业创造持续利润。品牌信用资本是消费者信任的保障，是企业在激烈竞争市场中获得竞争优势的资本，而且是一种非耗竭性、具有持续增长性、积累性的资本，从而可以为企业创造持续收益。现代经济是买方经济，企业要想生存和发展，就必须拥有以品牌信用资本为基础的较高的品牌忠诚度。因此，品牌信用资本对于企业来说，是获得消费者信任的依靠，也是与同行业企业竞争的关键所在。企业拥有较高的品牌信用资本时，品牌信用资本就会转化为企业的无形资产，即通常所说的品牌资产或品牌价值。因此，品牌资产或品牌价值与品牌信用资本呈正相关关系。当品牌价值不断提升时，品牌信用资本就会越来越高，而它的品牌效应也会越来越大，企业利润也就越来越多，从而引导市场资源向优质企业配置。

6.4 信用资本的“社会价值”信号与政府资源优化配置

对于什么是政府资源，目前还没有普遍认可的定义。一般意义上的政府资源是政府拥有所有权的资源。本书基于资源配置的视角，将政府资源限定为政府拥有配置权的资源，具体包括政府代表国家和全民所拥有的自然资源、经济资源和社会事业资源等公共资源①，以及政府作为独立组织为实现对社会管理所凭借的自身拥有的人力、物力等资源。我国公有制经济占主体地位，因此，政府拥有较多资源的配置权，作为政府资源范围最广、规模最大、复杂度最高的国家，如何做好政府资源的配置是一项关乎中国特色社会主义市场经济兴衰成败的重大课题②。政府资源配置的优化也一定会拉动、影响整个社会资源配置的优化③。

政府资源配置的主要目标是获得稳定的社会秩序或形成有益于社会发展的环境，从而为人们从事其他事业的发展创造良好的条件，或者能直接促进社会生产力发展，或者能直接改变社会的整体面貌。在这样的社会环境里，市场主体的积极性、创造性便会释放出来。而这种社会环境改变所带来的收益往往惠及全体社会成员，不专属于某些人，因而具有公益性。诚信的社会环境也是政府资源配置追求的目标。

政府资源不同于一般的市场资源，其配置应当体现公平性、公共性和公益性。公共资源交易应在市场价格的基础上，考虑市场主体的信用状况（具体为信用资本“社会价值”评估结果的高低），合理确定其中标人。这有利于引导企业诚信经营，促进社会信用体系建设，也体现了公共资源配置的公平性、公共性和公益性要求。

对市场主体进行必要的监督是政府职责之一，政府行政监管资源如何在众多市场主体中进行配置，应考虑监管的效率和效应。政府应考虑市场主体的信用状况（具体为信用资本“社会价值”评估结果的高低），对其进行分类分级监管，以弥补政府监管资源的不足和提高监管效果。

---

① 中共中央办公厅　国务院办公厅印发《关于创新政府配置资源方式的指导意见》的通知（中办发〔2016〕75 号）.

② 王竹泉. 公共资源配置与政府社会资本［J］. 财会月刊，2022.

③ 贾康. 中国税制改革中的直接税问题［J］. 华中师范大学学报（人文社会科学版），2015，54（3）：1－8.

6.4.1 政府资源配置改革

1. 公共资源交易领域的资源配置改革要求

中国是一个以公有制为主体、多种所有制经济共同发展的国家，在整个社会资源配置中，公共资源配置占据相当大的比重。在西方经典的理论中，公共资源配置几乎等同于公共物品供给，而我国的公共资源配置范围与西方经典理论中的公共物品存在明显差异。根据《国务院办公厅关于推进公共资源配置领域政府信息公开的意见》，公共资源配置范围主要包括保障性安居工程建设、保障性住房分配、国有土地使用权和矿业权出让、政府采购、国有产权交易、工程建设项目招标投标等社会关注度高，具有公有性、公益性，对经济社会发展、民生改善有直接、广泛和重要影响的公共资源分配事项。

随着市场化改革的深入，市场在资源配置中发挥着越来越基础性的作用，政府配置资源的范围和方式也在不断调整优化。为应对当前政府在配置资源中存在配置效率低、配置不公平等突出问题，创新资源配置方式，提高配置效率和效益，2016 年 12 月，中共中央办公厅、国务院办公厅印发了《关于创新政府配置资源方式的指导意见》，提出将公共资源交易领域的改革创新纳入国家战略范畴，明确了创新政府配置资源方式的基本原则、改革目标和主要任务等，对推动政府配置资源方式改革具有重要意义。

公共资源交易领域失信行为较多，公共资源交易管理改革是为了构建公正透明营商环境。公共资源交易是国家确定的应率先运用信用信息的领域，应将信用建设纳入公共资源交易领域监管中，推动公共资源阳光交易，着力提高公共资源配置效率和公平性。

2. 行政管理领域资源配置改革要求

为了加强事中事后监管，国务院办公厅印发了《关于加快推进社会信用体系建设构建以信用为基础的新型监管机制的指导意见》，就“深入开展公共信用综合评价”和“大力推进信用分级分类监管”作出明确要求，提出要对市场主体开展全覆盖、标准化、公益性的公共信用综合评价，定期将评价结果推送至相关政府部门、金融机构、行业协会商会参考使用，并依照有关规定向社会公开；各地区各部门在充分掌握信用信息、综合研判信用状况的基础上，以公共信用综合评价结果、行业信用评价结果等为依据，对监管对象进行分级分类，根据信用等级高低采取差异化的监管措施；“双随机、一公开”监管要与信用等级相结合，对信用较好、风险较低的市场主体，可合理降低抽查比例和频次，减少对正常生产经营的影响；对信用风险一般的市场主体，按常规比例和频次抽查；对违法失信、风险较高的市场主体，适当提高抽查比例和频次，依法依规实行严管和惩戒。

推行企业公共信用综合评价制度和分级分类监管机制，是完善社会信用体系建设、深化“放管服”改革、优化营商环境的重要举措，对提升政府监管效能、优化公共资源配置、增强企业诚信意识、促进企业诚信经营、规范市场经济秩序等具有重要的现实意义。

6.4.2　信用资本参与公共资源优化配置

1. 信用参与公共资源交易管理的必要性

公共资源交易最基本的要求就是公开、公平、公正的原则，即每个交易主体权利平等和机会均等，而机会均等就是公平的最大体现。① 保障公共资源交易公平、公开公正，应坚持问题导向，从转变政府职能、强化监督管理等方面着力。

---

① 曹三连．公共资源交易应坚持交易公平的基本原则［J］．中国招标，2017，24－25.

（1）公共资源交易领域存在较多的失信行为乱象。

工程建设、政府采购等公共资源交易领域，由于项目金额巨大，常常涉及公共利益，一直备受社会各界广泛关注。公共资源交易领域也是失信行为的高发场所，围标、串标、违法转包分包、“重交易轻履约”、工程建设管理不到位等失信，甚至违法行为，一直影响着行业的健康发展和营商环境的改善[①]。近年来，公共资源交易市场规模不断扩大，竞争也日趋激烈。为追求眼前利益，个别投标人想方设法规避法律，挂靠、围标、串标、转包等违法违规行为时有出现，规避行为层出不穷，方式手段多样。①投标人与投标人串通。为了提高中标概率，一些市场主体“挂靠”多家单位同时进行投标，形式上是几家单位独立、分别投标，实际是一个主体在背后操纵。几家单位在投标过程中相互陪标和轮流坐庄，投标人之间事先约定形成较为稳定的“串标同盟”，以达到排挤其他投标人，控制中标价格和中标结果的目的，然后按照事先约定分利。②招标人或招标代理人串通。③投标人与专家评委串通，以达到中标的目的。④“转标”是投标人中标后，以高价私下将工程转让给其他公司实施的行为。围标、串标、卖标等行为直接破坏了公开、公平、公正的公共资源交易市场竞争环境。串标、围标者一方面通过不合规手段，人为增加自己的中标概率，损害其他投标人的合法权益；另一方面，串标者往往在投标过程中通过同时报高价或同时报低价的方式串通报价，或哄抬价格，这样的结果就是给招标人造成经济损失，或为了中标故意压价，不考虑成本，中标后没有利润，只能偷工减料、以次充好。然而，一旦发生质量安全事故，损害的是国家利益和人民群众的生命财产。

可见，围标、串标、卖标等行为严重扰乱公共资源交易市场的经济秩序，也污染了社会良好风气。因此，建立公共资源交易市场信用体系，规范市场秩序，推进公共资源交易信用管理，以信用引导公共资源配置已成为当下的

---

① 刘怀宇．讲诚信的企业更容易中标，广州在全国首创公共资源交易信用指数体系［N］．南方日报，2018－10－22.

紧迫任务。

（2）中小企业往往在公共资源交易竞标过程中处于弱势地位。

中小企业在政府采购领域的弱势地位表现得比较明显。虽然我国《采购法》第九条明确规定要“促进中小企业发展”，然而中小企业参与政府采购的情况却不尽如人意。一方面，一些部门在组织采购时往往青睐一些大企业和洋品牌；另一方面，参与采购的资格条件上设置资金、规模、经营年限等门槛较高。

2. 应用信用资本社会价值信号，优化公共资源交易市场营商环境

世界银行发布的《全球营商环境报告（2020）》显示，中国的营商环境有了质的飞跃，全球排名由2011年的第79名上升为2020年的第31名。尽管如此，我国的营商环境优化仍然还有较大的上升空间。伴随着政府“放管服”改革不断深化，以及优化营商环境的深入推进，公共资源交易市场优化营商环境的任务尤其显得迫切和艰巨。探索公共资源交易优化营商环境新举措，推进公共资源交易市场秩序的稳定和效率的提升，将对优化和提升营商环境起到积极的促进作用。

在这个时代背景下，进一步优化公共资源交易的诚信体系，实现以信用提升公共资源配置效率和公平性，成为公共资源交易领域的重要任务。这客观上需要公共资源交易领域加强信用管理，建立守信激励和失信惩戒机制，强化信用在公共资源交易活动中的激励约束作用，增强公共资源交易主体的诚信意识和信用水平，维护公平诚信的市场秩序，营造诚实守信的市场环境。

信用资本的“社会价值”，主要体现了信用主体遵纪守法情况、诚信经营情况、社会责任履行情况。企业信用资本的“社会价值”评价越高，其社会信用越好，对社会具有较大的、正的外部性（公益性），也是社会所期盼的企业。公共资源配置也需要体现公益性，因此，在公共资源交易中，在同等条件下，应当优先考虑信用资本“社会价值”较高的市场主体，对其进行

资源配置。

政府应积极开展公共资源交易信用评价，对公共资源交易当事人的信用状况作出评估（其实质为信用资本的“社会价值”）。鼓励项目发起方在公共资源交易过程中运用信用评价结果，将信用评价结果作为参与公共资源交易项目评分依据，直接影响中标情况，实现信用资本的“社会价值”参与公共资源优化配置。

公共资源交易领域的诚信体系建设是优化营商环境的重要环节，公共资源交易的诚信环境会影响参与交易活动企业的数量、影响交易市场的活跃程度。民营企业及大量的中小微企业的积极参与、诚信投标，会促进公共部门得到更物有所值的产品，民众得到更适合的公共服务，最终提高各方主体对营商环境的优质体验感。

目前，我国广州、宿迁、芜湖等地的公共资源交易中心对参与政府采购、工程建设项目投标的市场主体进行信用评分（其实质为信用资本的“社会价值”大小），信用评分直接影响工程建设招投标结果。这些社会实践就是信用资本“社会价值”参与公共资源优化配置的生动写照。

6.4.3 推进信用资本参与政府监管资源优化配置

1. 信用参与政府监管资源优化配置的必要性

目前，我国实施的商事制度改革，其目标是要放宽市场准入，强化事中事后监管，实施宽进严管。宽进的力度很大，尤其是我国对《公司法》进行修订，降低资本门槛、从实缴资本制改为认缴资本制、从年检制改为年报制等改革措施，极大地释放了社会活力。

然而，商事制度改革在释放社会活力的同时，也带来了政府监管问题。降低市场准入门槛，意味着国家认可社会个体的自由营商权，商事主体有权追求自身利益最大化。这就需要商事主体按照自我责任的要求，对自己的商业行为负责，也对交易对手和社会公众负责。因此，信用就成了对市场主体至关重要的制约机制。在市场经济中，商事主体要对自己的信用负责，政府不再为其信用进行“背书”。由于现实社会中信息不对称、机会主义行为、道德风险等市场失灵行为，必然需要有相应的信用披露和信息发现机制，从而降低交易双方的信息搜索成本，使社会能够识别交易主体的信用。因此，放松市场准入，对市场主体诚信经营的要求更高，对社会监督和信用监管的要求更高[①]。在政府放松市场准入管制之后，需要信用机制填补政府退出之后的监管空白，才能促进企业诚信经营，提高交易效率、实现交易安全。

在当前“放管服”改革背景下，放松规制（降低市场准入门槛）的政策试验带来市场主体的大量涌入，给有限的行政监管资源带来巨大压力，所以，带有“回应性规制”色彩的信用分类监管无疑能够起到节省执法资源、有效辨识风险与提高监管效能的重要功用[②]。而且就监管执法效果而言，通过监管执法资源的倾斜配置并增强行政检查频次，是改变被规制方的合规动机并提升规制效率的有效手段，这种正相关性得到了相关实证研究的有力佐证。

2. 应用信用资本社会价值信号，优化政府监管资源配置

面对市场主体的大量涌入，政府有限的行政监管资源需要进行有效配置，以提高监管效能，所采用的办法就是参考市场主体的信用资本社会价值的大小，进行分级分类监管。

（1）分级分类监管，助推政府监管资源优化配置。

分级分类监管的理论来源可追溯至伊恩·艾尔斯与约翰·布雷斯维特所创设的“回应性规制”模式。由于市场主体合规经营动机上的差异性，政府监管部门应当采取不同的监管执法策略。因此，政府监管部门需要识别不同

---

① 人民网理论版，http：//theory. people. com. cn/n1/2016/0516/c49154 – 28352482. html.

② 卢超．事中事后监管改革：理论、实践及反思［J］. 中外法学，2020，32（3）：783 – 800.

市场主体的行为动机，进而对不同行为动机的市场主体进行行政执法资源的差异化配置。朱莉亚·布莱克与罗伯特·鲍德温在“回应性规制”模式基础之上引入了风险评估因素，提出“基于风险的回应性规制”模式，认为政府监管部门需要评估市场主体的合规经营风险，并根据风险大小来有效配置监管执法资源。实施“基于风险的回应性规制”模式，需要掌握市场主体的信息数据，对其合规经营风险进行评估，从而将行政执法资源优先配置到风险相对较高市场主体。政府监管部门对市场主体的信息数据的获取以及合规经营风险评价的能力是“回应性规制”实施效果的重要决定因素。

分级分类监管是指根据不同企业的信用状况实施差别化监管措施，这也是信用监管的最突出特点。事中事后监管体系中的信用分类监管模式，明显契合了“回应性规制”的监管执法策略。[①] 对于信用状况好、违规可能性低的市场主体，降低抽查比例和频次，尽可能地减少政府监管行为对市场主体正常经营活动负面影响；对于信用状况一般、能合规经营的市场主体，则实施常规的监管抽查比例和频次；对于存在失信行为、违规风险高、不讲信用的市场主体，则加大监管抽查比例和监管频次。这种分级分类监管模型将“让守信者降成本，让失信者付代价”，对守法诚信的企业“无事不扰”，而对违法失信的企业“利剑高悬”，使守法诚信经营的企业降低被监管成本，同时降低了政府行政成本。企业想要降低自己的监管成本，减轻监管压力，就必须下大力气合规经营，改善自己的信用状况。

信用分类监管作为一种执法资源配置方式，在事中事后监管体系中扮演了核心角色。

（2）信用资本的社会价值是分级分类监管的基础。

信用评估是分级分类监管的基本依据。信用资本的社会价值，主要体现了信用主体遵纪守法情况、诚信经营情况、社会责任履行情况。企业信用资

---

① 卢超．事中事后监管改革：理论、实践及反思［J］．中外法学，2020，32（189）．

本的社会价值评价越高，其社会信用越好。在合规经营方面做得好的企业，也是最符合政府监管要求的企业。政府配置监管资源需要参考监管对象的信用资本社会价值高低情况，对于信用资本社会价值较高的监管对象，由于其遵纪守法、合规程度高，可以减少监管资源的配备；而对于信用资本社会价值较低的监管对象，由于其诚信度较低、机会主义倾向严重，合规经营的风险较高，可以加强监管资源的配备。

信用资本社会价值信号将有力地支撑分级分类监管，使政府行政监管资源“好钢用在刀刃上”。

目前，我国市场监管、税务、生态环保、应急管理、海关等众多政府主管部门都在开展以信用为基础的分级分类监管。这些社会治理改革就是信用资本社会价值参与政府监管资源配置的现实写照。

参考文献

［1］［英］阿尔弗雷德·马歇尔．经济学原理（上卷）［M］．北京：商务印书馆，1981.

［2］埃里克·尤斯拉纳．信任的道德基础［M］．北京：中国社会科学出版社，2006.

［3］艾琳，王刚．公共资源交易制度的改革路径探索［J］．学习与实践，2021（9）：84－90.

［4］［英］安妮·布鲁金．智力资本：第三资源的应用与管理［M］．赵洁平译．大连：东北财经大学出版社，1998.

［5］毕楠．基于声誉资本的企业社会责任价值创造机理研究［D］．东北财经大学，2012.

［6］陈端计．中国经济转型中的第三配置范式及其悖论［J］．学术研究，2003（8）：29－32.

［7］范渊凯．道德是一种资本：读王小锡教授著《道德资本研究》［J］．伦理学研究，2016（3）：137－138.

［8］方然．"社会资本"的中国本土化定量测量研究［M］．北京：社会科学文献出版社，2014.

［9］傅强，张宜松．中国社会信用体系建设的基本架构与设想［J］．经济问题探索，2004（6）：4－8.

［10］龚艳萍，谌飞龙．品牌价值评估的理论演进与实践探索［J］．求

索，2014（3）：24－30.

［11］贺学会，王海峰，王小曼．企业信用行为与失信惩戒机制：一个基于信用资本的分析框架［J］．金融研究，2008（10）：150－161.

［12］洪茹燕，吴晓波．国外企业智力资本研究述评［J］．外国经济与管理，2005（10）.

［13］黄子健，王龑．大数据、互联网金融与信用资本：破解小微企业融资悖论［J］．金融经济学研究，2015，30（1）：55－67.

［14］孔祥稳．作为新型监管机制的信用监管：效能提升与合法性控制［J］．中共中央党校（国家行政学院）学报，2022，26（1）：143－150.

［15］李安渝，张昭．品牌信用在高质量发展中的内涵及应用［J］．管理现代化，2020，40（1）：77－79.

［16］李勇坚．信用资本化：解释金融科技的一个新视角［J］．银行家，2019（10）：132－133.

［17］［美］林南（Nan Lin）．社会资本：关于社会结构与行动的理论［M］．北京：社会科学文献出版社，2020.

［18］刘凤委，李琳，薛云奎．信任、交易成本与商业信用模式［J］．经济研究，2009，44（8）：60－72.

［19］刘琳．道德资本研究述评［J］．道德与文明，2013（6）：144－148.

［20］吕贤如．信用资本需要社会管理［N］．光明日报，2009－06－17（6）.

［21］［德］马克思恩格斯全集（中文版）［M］．北京：人民出版社，1972.

［22］［德］马克思．资本论（第1卷）（中文版）［M］．北京：人民出版社，1975.

［23］马志强，朱永跃，张怀胜．公司声誉资本的多级模糊综合评价

[J]. 统计与决策，2007 (23): 162-164.

[24] [美] 迈克尔·费蒂克. 信誉经济：大数据时代的个人信用价值与商业变革 [M]. 北京：中信出版社，2016.

[25] 孟维巍，朱金瑞. 21 世纪以来学术界关于道德资本研究的争鸣 [J]. 伦理学研究，2019 (1): 128-132.

[26] 苗红娜. 社会资本研究：分类与测量 [J]. 重庆大学学报：社会科学版，2015 (6): 123-131.

[27] 庞井君. 新时代诚信文化建设的社会价值论意蕴 [J]. 人民论坛，2018 (7): 31.

[28] 沈慧芳. 诚信的三重境界及其社会价值 [J]. 吉首大学学报 (社会科学版)，2008 (3): 21-25.

[29] 沈杰. 西方发达国家个人诚信制度及其运行机制 [J]. 社会科学管理与评论，2006 (2): 54-67.

[30] 孙国英. 信用资本"软实力"亟待提升 [N]. 南方日报，2004-03-31 (B2).

[31] 滕达. 信用资本：开启未来金融的密码 [M]. 北京：电子工业出版社，2018.

[32] 田春雷. 金融资源配置公平及其法律保障研究 [M]. 北京：法律出版社，2018.

[33] 汪永福. 论地方公共资源交易的反竞争与公平竞争 [J]. 社会科学，2018 (11): 86-94.

[34] 王丛虎. 公共资源交易改革与营商环境优化 [J]. 经济体制改革，2020 (3): 5-11.

[35] 王丛虎，门理想. 公共资源配置方式的变革逻辑及历史验证：基于公共资源交易价值的理论视角 [J]. 公共管理与政策评论，2021, 10 (3): 92-106.

[36] 王丛虎，门理想．中国公共资源交易的创新逻辑及实现路径 [J]. 学海，2021 (4)：142－150.

[37] 王海峰．基于信用资本范畴的信用信息共享与失信惩戒研究 [D]. 湖南大学，2008.

[38] 王磊，闫帅，武博，张利．企业信用资本形成的驱动机理与发展对策探讨 [J]. 商场现代化，2018 (10)：53－55.

[39] 王一兵．和谐社会建设需要信用资本助力 [J]. 中国金融，2006 (24)：79.

[40] 王一兵，唐羽，王玥．信用资本：应当珍视的重要资源 [J]. 南方金融，2006 (6)：14－16，8.

[41] 王一兵．信用资本问题研究 [D]. 湖南大学，2007.

[42] [英] 威廉·配第．政治算术 [M]. 北京：商务印书馆，1978.

[43] 吴晶妹．人力资本与信用资本相融共建 [J]. 中国金融，2021 (23)：98－100.

[44] 吴晶妹．社会信用体系建设要更上一层楼 [J]. 征信，2020，38 (4)：1－5.

[45] [英] 亚当·斯密．国民财富的性质和原因的研究（上卷）[M]. 北京：商务印书馆，1981.

[46] 严清华，常庆欣，杜长征．第三配置经济学研究刍议 [J]. 经济评论，2007 (5)：8－14.

[47] 严清华，程锦晖．公共信用供给的内在机制初探：基于第三配置视角 [J]. 经济评论，2010 (6)：42－48.

[48] 严清华，刘穷志．第三配置及其路径依赖偏好 [J]. 武汉大学学报（社会科学版），2001 (3)：297－301.

[49] 杨晓锋．论道德资本投资 [J]. 学术论坛，2013，36 (2)：10－13.

[50] 郁俊莉. 中小企业信用资本形成机制及对融资支持的研究 [J]. 中南财经政法大学学报, 2009 (5): 122-126.

[51] 曾丹, 严清华. 企业第三配置机制的经济学分析 [J]. 武汉大学学报 (哲学社会科学版), 2012, 65 (5): 92-98.

[52] 张国臣. 社会诚信的内涵、特征与功能浅论 [J]. 河南师范大学学报 (哲学社会科学版), 2012, 39 (6): 256-258.

[53] 张洁. 信用资本影响企业价值的实证研究 [D]. 重庆工商大学, 2012.

[54] 张祖华, 刘宣飞. 道德资本的生成逻辑 [J]. 求实, 2011 (10): 34-36.

[55] 赵建波. 诚信建设制度化: 内涵、困境及出路 [J]. 求实, 2018 (6): 62-73, 109.

[56] 郑杭生. 抓住社会资源和机会公平配置这个关键: 党的十八大报告社会建设论述解读 [J]. 求是, 2013 (7): 37-39.

[57] 郑也夫. 代价论: 一个社会学的新视角 [M]. 北京: 三联出版社, 1995 年版.

[58] 朱毅峰, 吴晶妹. 美国信用管理体系简介 [J]. 中国金融, 2003 (5): 55-56.

[69] Becker G. Human capital (2rd Edition) [M]. New York: Columbia University Press, 1975.

[60] Becker G. Nobel lecture: The economic way of looking at behavior [J]. Journal of Political Economics, 1992, 101 (3), 358-409.

[61] Blandy R. Marshall on human capital: A note [J]. Journal of Political Economy, 1967, 75 (6): 874-875.

[62] Castelfranchi C, Falcone R, Marzo F. Being trusted in a social network: Trust as relational capital [C] //International conference on trust manage-

ment. Springer, Berlin, Heidelberg, 2006: 19 – 32.

[63] Denison E F. The sources of economic grouth in the United States [R]. New York: Committee for Economic Development, 1962.

[64] Denison E F. The sources of economic growth in the United States and the alternatives before us [M]. Literary Licensing, LLC, 1962.

[65] Edvinsson L, Malone M S. Intellectual capital: Realizing your company's true value by finding its hidden brainpower [M]. NY: Harper Business, 1997.

[66] Edvinsson L, Sullivan P. Developing a model for managing intellectual capital [J]. European Management Journal, 1996, 14 (4): 356 – 364.

[67] Glaeser E L, Laibson D, Scheinkman J A, et al. What is social capital? The determinants of trust and trustworthiness [R]. Harvard Institute of Economic Research Working Papers, 1999.

[68] Mincer J. Schooling, experiences and earnings [M]. New York: Columbia University Press, 1974.

[69] Nooteboom B. Social capital, institutions and trust [J]. Review of Social Economy, 2007, 65 (1): 29 – 53.

[70] Nopparuth R, Fabrice W M. China's social credit system as a stimulant of donation behavior: Assessment of students' opinions [J]. International Journal of Organizational Innovation (Online), 2019, 11 (4): 165 – 178.

[71] Rayamajhee V, Bohara A K. Social capital, trust, and collective action in post-earthquake Nepal [J]. Natural Hazards, 2021, 105 (2): 1491 – 1519.

[72] Schultz T W. Education and economic grouth [M]. Chicago: University of Chicago Press, 1961.

[73] Schultz T W. Investment in human capital merican [J]. The American Economic Review, 1961, 51 (1): 1 – 17.

[74] Schultz T W. The economic value of education [M]. New York: Columbia University Press, 1963.

[75] Sobel J. Can we trust social capital? [J]. Journal of Economic Literature, 2002, 40 (1): 139 - 154.

[76] Stewart T A. Brainpower: How intellectual capital is becoming American' s most valuable asset [J]. Fortune, 1991, 3 (6): 44 - 60.

[77] Stewart T A. Your company' s most valuable asset: Intellectual capital [J]. Fortune, 1994, 130 (7): 68 - 74.

[78] Walsh J R. Capital concept applied to man [J]. Quarterly Journal of Economics, 1935 (49): 255 - 285.